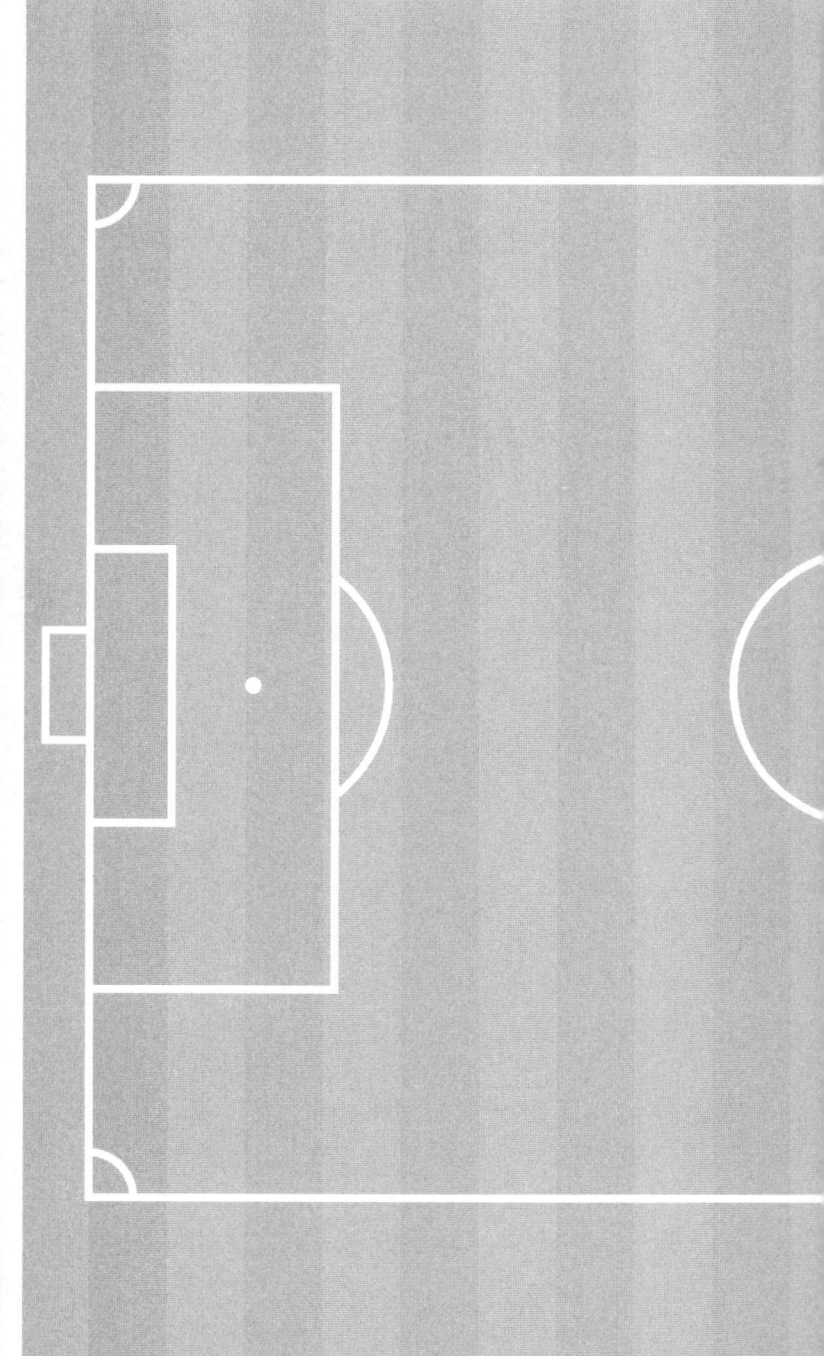

RAINER M. SCHIEßLER

IM FUßBALL HIMMEL

Ich widme dieses Buch allen wahren Fans,
die konsequent friedlich und trotzdem voller
Begeisterung ihren geliebten Fußball immer
wieder so herrlich ansteckend und leidenschaftlich
genießen. Ihr seid das Vorbild, das unsere
Jugend dringend braucht!

INHALT

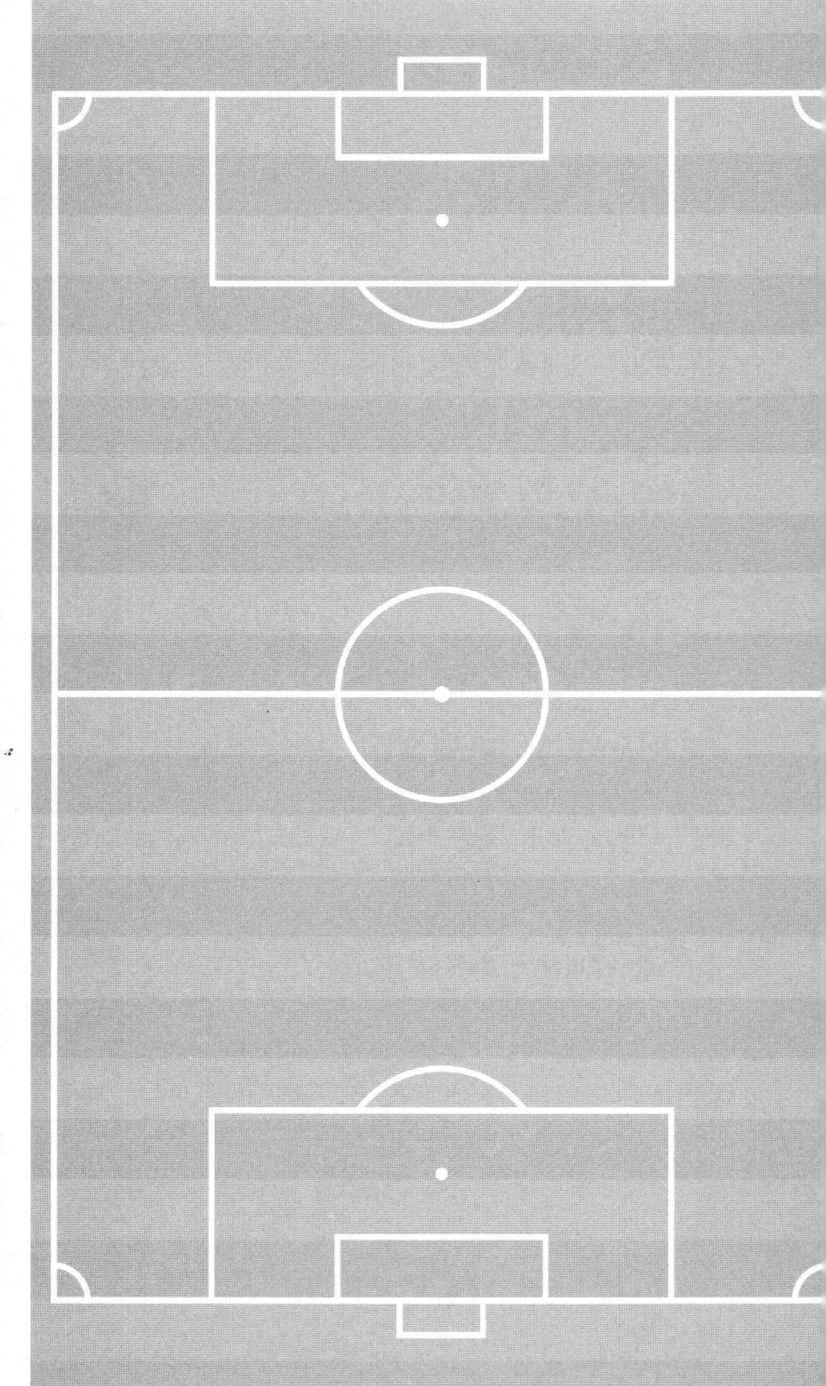

PROLOG
Sehnsucht nach dem Fußballhimmel

»Der Herr gebe dir, was du von Herzen wünschst,
was du dir vorgenommen hast, lasse er gelingen!«
(Ps 20,5)

Völlig verzückt reckt Franck Ribéry auf der Ludwig-
straße die Meisterschale in den Münchner Himmel.
Tausende Fans in roten Trikots, viele mit Fahnen in
den Händen, jubeln ihm und seinen Teamkollegen
frenetisch zu. Die Begeisterung ist schier grenzenlos.

Ich stehe mit all den anderen, die gekommen sind,
in der Menge und denke kurz daran, dass hier an dieser Stelle schon in wenigen Tagen die große Münchner Fronleichnamsprozession vorbeikommen wird.
Fußball und Glaube – beides hat für mich einen guten Klang. Auch deshalb teile ich in diesem Buch mit
Ihnen – durchaus mit einem Augenzwinkern – die
schönsten Geschichten vom »Heiligen Rasen«.

Bereits die äußeren Ähnlichkeiten von Fußballereignissen und Glaubensfesten sind bemerkenswert: unverzichtbare Rituale vom Einzug der Spieler ins Stadion bis hin zur Siegerehrung und dem anschließenden Autokorso. Besondere Kleidung, bewegende, mitreißende Gesänge, durchaus auch festliche Hymnen und eine kraftvolle Sprache. Mit tiefer innerer Leidenschaft und Hingabe werden Pokale präsentiert. Fans und Spieler, sie alle jubeln oder leiden immer gemeinsam. Ob der Aufstieg in ein »neues Leben« in der Champions League oder beim Abstieg in die Unterwelt der Zweitklassigkeit: Freude und Frust – das alles gibt es in den Religionen und im Sport gleichermaßen. Ohne jeden Zweifel hat der Sport durchaus etwas tief Religiöses an sich – denken Sie beispielsweise an die Fußball-Hymne »You'll Never Walk Alone « –, und doch steht er nicht in Konkurrenz zur Religion.

Deutschland ist ein Fußball-Land. Zum Deutschen Fußball-Bund (DFB), dem Dach von 26 Fußballverbänden in der Bundesrepublik, gehören rund 24 000 Vereine mit fast 7,4 Millionen Mitgliedern. Auch viele andere Länder dieser Erde betrachten den Fußballsport mit nationalem Stolz. In England singen die Fans mit Tränen in den Augen »Football is coming home«, in Italien besteht die *Squadra Azzurra,* die Nationalmannschaft, ohnehin aus der Sicht der Fans nur aus Volkshelden. Frankreich lebt mit Würde und Erhabenheit die Perfektion des Fußballs und lässt dies auch jeden Gegner und Zuschauer spüren. Die Spanier, so hat man den Eindruck, würden ihren letzten Heller geben, nur um fußballerisch, national wie international, erfolgreich zu sein. Und die Bilder, wie die isländische Mannschaft bei der Fußball-Europameisterschaft mit kehligem Schlachtruf die Engländer besiegte, haben sich tief in unser Gedächtnis eingegraben. DIE WELT titelte damals »Als Amateure angereist, als Legenden nach Hause«.

Bei uns in Deutschland gibt es eine ganz besondere Mischung von sportlichem Eifer und nationalem Stolz, gepaart mit einer diesem Land eigenen Distanz. Natürlich wollen wir Welt- und Europameister werden, erfreuen uns wie alle Nationen an einem schönen, spritzigen Fußball. Unzählige ehrenamtliche Mitarbeiter engagieren sich, um bereits die ganz Kleinen an den Fußballsport heranzuführen. Samstags sind die Stadien voll, die Begeisterung ist ungebrochen, Fanclubs verzeichnen gegen den Trend bei anderen Vereinen und Organisationen anhaltendes Interesse – und niemand würde bestreiten, dass Fußball der Nationalsport der Deutschen ist. Trotzdem ist die deutsche Begeisterung immer auch eine andere als die der übrigen europäischer Länder. Ganz zu schweigen von der Euphorie südamerikanischer Fanclubs. Und wenn's sportlich gerade mal schlecht läuft, ist man mit Kritik und gut gemeinten Tipps, was jetzt unbedingt getan werden sollte, schnell bei der Hand.

*

Nun kommt mit der Europameisterschaft 2024 der Fußball wieder nach Deutschland. Viele erinnern sich mit glänzenden Augen an die Weltmeisterschaft 2006 in unserem Land – das Sommermärchen – und hoffen nun natürlich auf eine Wiederholung, sowohl mit Blick auf den möglichen sportlichen Erfolg als auch auf die Stimmung im Land. Wie gut könnten wir gerade positive Meldungen und mitreißende Ereignisse gebrauchen. Beides ist natürlich nicht »machbar«, es ereignet sich, oder eben auch nicht. Selbst »gesetzte« Teams haben keinen automatischen Anspruch auf Erfolg.

Das Phänomen Fußball verdient es allemal, von mehreren Seiten beleuchtet zu werden. Mit diesem kleinen Büchlein möchte ich dies auf eine sehr persönliche Art und Weise tun, weder sport- oder medienwissenschaftlich noch psychologisch. Ich erzähle zum einen, wie ich als ganz normaler deutscher Fußballkonsument zu dieser Sportart gekommen bin, mich angenähert habe und dann fürs ganze Leben »infiziert« wurde. Welche Erkenntnisse ich im Laufe der Zeit gewonnen habe. Beispielsweise, welche Gemeinsamkeiten dieser faszinierende Sport mit unserem religiösen Empfinden hat. Was es da alles zu entdecken gibt!

Der Fußballhimmel soll sich weit über uns ausbreiten dürfen. Ich wünsche Ihnen viel Freude beim Lesen dieses Buches und beim Betrachten der Lieblingssportart vieler Menschen.

Rainer Maria Schießler

AUF DEM BOLZPLATZ

»*Macht meine Freude vollkommen, dass ihr eines Sinnes seid, einander in Liebe verbunden, einmütig, einträchtig, dass ihr nichts aus Streitsucht und nichts aus Prahlerei tut. Sondern in Demut schätze einer den andern höher ein als sich selbst.*« *(Phil 2,2–3)*

Keine große Fußballerin, großer Fußballspieler kommt als solche(r) auf die Welt. Entscheidend ist das Milieu, das uns prägt; die Lebenswelt, in der wir aufwachsen. Viele große Fußballstars betonen immer wieder, dass es auch die Bolzplätze ihrer Kindheit waren, die sie letzten Endes zu dem gemacht haben, was sie heute sind. Bei mir war es ein Hinterhof im Münchner Stadtteil Laim, auf dem ich zu kicken begann – bekanntermaßen wuchs ich dennoch nicht zu einem Profifußballer heran. Aber manches ist mir später dennoch gelungen. Und ich erinnere mich gerne an die Kindheitstage in Laim.

Wir waren damals viele Kinder, die dort im Hinterhof spielten, besonders viele Jungs; und wir spielten mit allem, was man kicken konnte. Eine besondere Ausrüstung ist für das Fußballspiel zum Glück ja auch nicht notwendig, zwei improvisierte Tore und die vier Eckpunkte des Spielfeldes sind im Handumdrehen eingerichtet.

Was mich im Rückblick am meisten an diesem oft stundenlangen Gekicke fasziniert, ist das ausdrückliche Fehlen einer bestimmten Qualifikation. Du durftest da einfach mitmachen! Egal, wie gut du fußballerisch drauf warst. Niemand wurde ausgeschlossen. Es war natürlich zunächst mehr ein Durcheinander und ein ›Alle-gehen-auf-einen-Ball-drauflos-Spiel‹, aber jeder war irgendwie wichtig dabei. Es ging um nichts und doch um alles. Die erzielten Tore zählte jeder im Geiste mit, und dennoch war es ziemlich unwichtig, wer am Ende gewann.

Manchmal erinnerte man sich an einen hohen Sieg oder eine Niederlage beim letzten Spiel und zog daraus die Konsequenzen – wusste dann, wie zukünftige Mannschaften besser nicht zusammengestellt werden sollten, um eine weitere Pleite zu vermeiden. Aber wir lernten vor allem bereits als Kinder etwas über die unglaublich befreiende Wirkung dieses Mannschaftsports: Jeder gehört dazu, der Teamgedanke ist wichtig. Und: Im Spiel zählt der volle Einsatz, er lohnt sich, so oder so. In diesem Sinne erweist sich der Sport als ein unersetzbares Element, das eine stabile Gemeinschaft, eine ganze Gesellschaft positiv prägen kann und will.

⋆

Natürlich kann das einzelne Spiel immer auch hochdramatisch sein. Wenn die eine Mannschaft kurz vor dem Abpfiff noch ein Tor erzielt und dann in Führung geht. Wird es noch gelingen, den Ausgleich zu erzielen? Kommt es zu einer Verlängerung oder gar zum Elfmeterschießen?

Es war damals laut im Hinterhof, im Laufen schrien wir uns Kommandos zu: »Los, gib ab!« Oder: »Jetzt alle schnell nach vorne!« Stundenlang konnten wir uns damit beschäftigen, dem anderen den Ball vor der Nase wegzuschießen oder dem Gegner wieder abzujagen. Geschützt im Hinterhof, waren wir weg von der Straße, wie man gerne sagt.

Das war unseren Eltern natürlich sehr lieb. Aber wir waren auch akustisch mit ihnen zu Hause verbunden, sie hörten aus dem Hof unser Schreien und Lärmen und wussten: »Die spielen noch, die sind noch da.« Auch ohne Handyverbindung (gab's ja noch lange nicht …) war der Kontakt da.

Leider ist die ganz besondere, positive Bedeutung des Spielens auf dem Bolzplatz in den letzten Jahren etwas in Vergessenheit geraten. Und manchmal ist es auch schlicht nicht mehr gewollt, dass da eine Horde über die Wiese hinter dem Haus tobt. Da gibt es in Wohnsiedlungen Ruhe- und Spielverordnungen, die Kinder in die Schranken weisen.

Kinderlärm war in unserer Jugendzeit jedenfalls kein Grund dafür, dass sich Anwohner irgendwie und irgendwo darüber beschweren mussten. Die Generation meiner Eltern hatte gerade den Zweiten Weltkrieg überstanden und wusste um ihren Auftrag, ein Land, das in Trümmern liegt, wieder aufzubauen. Kinderlachen, fröhliches Herumgerenne und freudiges Spiel gehörten dazu, waren ein Zeichen, dass es weitergeht. Eine neue Toleranz, die das Vergangene heilen, die Gegenwart segnen und der

Zukunft eine neue Ausrichtung geben wollte, war unausgesprochen vielerorts Programm. Ja, Kinder sind willkommen!

Nach so vielen Jahren der Zertrümmerung menschlichen Lebens war jedes Kind ein Geschenk und wurde als solches behandelt. Aus dieser Toleranz erwuchs die Freiheit, die es uns ermöglichte, alle Spielmöglichkeiten zu nutzen. Man schaffte Wohn- und Lebensräume für die Menschen – den Bolzplatz haben wir genau so empfunden.

Diese Toleranz, diese Weite und Offenheit mit Blick auf die Entfaltungsmöglichkeiten von Kindern in unseren Städten darf nicht noch mehr verloren gehen, als sie uns ohnehin schon an vielen Stellen abhandengekommen ist. Ist in unseren modernen Städten eigentlich überhaupt noch Platz für einen Hinterhof? Alles wird ja zugebaut, jeder Quadratmeter als Wohnraum genutzt. Spielplätze und »Entdeckerräume« sind leider oftmals Mangelware.

Wenn die Rede davon ist, dass der Fußballsport unbedingt auf jedwede Art gefördert werden muss, beginnt dies mit ebenjener Toleranz spielenden Kindern gegenüber.

Auf dem Bolzplatz, mitten im Getümmel

Ganz unschätzbar wertvoll ist auch die soziale Kompetenz, die das Fußballspiel fördert. Es beginnt beim Kicken im Freundeskreis und setzt sich später in Vereinen fort. Auch Hinterhofmannschaften besitzen im Übrigen bereits ihre eigene Struktur, die sich selbst dann bildet, wenn Kinder eine Dose hin und her kicken. Schnell stellt sich dabei heraus, wer die talentierten und versierten Spielerinnen und Spieler sind und wer eine Führungsrolle einnimmt. Man spürt beim Zuschauen, die oder der kann das!

Denke ich an meine Jugend, sind es meistens gerade die eher Schweigsamen unter uns gewesen, die sich dann als echte Talente herausstellten und sehr bald den Sprung in einen Fußballverein schafften. Auch auf unserem Hinterhof in München-Laim bildete sich im Laufe der Zeit eine Rangfolge heraus, es zeigte sich relativ schnell, wer die besten Spieler waren. Und auch, wer eine natürliche Autorität besaß, die natürlich oft auch sportlich begründet war. Der Bessere wurde anerkannt und respektiert. Er hatte das Sagen, übte mit uns erste taktische Schritte, heizte die Stimmung an, motivierte uns souverän. Als kleiner Indianer – wie ich – war man stolz, in dessen Mannschaft spielen zu dürfen, vom »Kapitän« einen Platz in Team zugewiesen zu bekommen. Und vor allem, wenn man gelobt wurde, weil man etwas besonders gut gemacht, sich voll eingesetzt hatte, ganz einfach ein Held war. Und wir hatten alle keine Schwierigkeiten damit, uns in diesem System ein- und unterzuordnen.

Was sich damals rudimentär auf dem Bolzplatz entwickelte, hat uns, hat mich zu mündigen, gewissenhaften und verantwortungsbewussten Staatsbürgern gemacht. Zu dem, was wir heute sind. Allein deswegen bin ich ein unglaublicher Fan dieser ersten Schritte, die Kinder und Jugendliche in solchen Situationen machen. Ob sie nun dabeibleiben, den Sport später amateur- oder vereinsmäßig weiter betreiben oder gar ins obere Segment des Spitzensports hineinkommen oder nicht. Die Anfänge müssen gemacht werden. Die Motivation, die in Kinder- und Jugendtagen unter Gleichaltrigen entsteht, ist unersetzlich.

*

Das erste Kicken auf dem Bolzplatz ist für mich beinahe so wichtig wie der erste Schritt beim Laufenlernen. Verbunden mit der nie verloren gegangenen Erfahrung unbeschwertester Jugendstunden, sind mir meine Mitkicker von damals alle noch in bester Erinnerung: die Könner und Profis ebenso wie die Schwächeren, die alles andere als Loser waren. Im Gegenteil: Gerade sie machten das Spiel erst unbeschwert, weil sie mitspielten, auch wenn sie (noch) nicht die erforderliche Fertigkeit besaßen. Die Besten unter uns konnten wir uneingeschränkt bewundern und in ihrem Glanz auch unsere eigene Teilnahme am Spiel in der Mannschaft krönen.

»Wenn die Sonne tief steht, werfen auch kleine Tiere große Schatten«, sagt ein Sprichwort. Es zielt auf diejenigen ab, die sich in der Nähe bedeutender Menschen unheimlich stark fühlen. Diese Erfahrung konnten wir als Kinder tatsächlich genau so machen. In so einer Truppe von begabten und auch weniger begabten Spielern hatte jeder seinen berechtigten Platz. Wenn wir Bolzplatzkicker von damals uns heute gelegentlich wiedersehen, stimmen alle ein in diese wunderbaren Erinnerungen an eine schöne Zeit.

Nein, wir waren nicht besser und auch nicht frömmer als andere Kinder unserer Zeit. Ja, es stimmt, die meisten von uns haben sich auch sonntags in der Kirche getroffen. Beides gehörte zusammen, das Katholischsein und das Kicken im Hinterhof. Wir spürten vielleicht insgeheim: »Da wächst etwas ganz Wesentliches für unser Leben zusammen!«

Am Ende waren es nur wenige, die den Sprung vom Bolzplatz auf den grünen Rasen eines Sportvereins gemacht haben. Fußballprofi ist keiner von uns geworden, aber alle sind heute aufrichtige und gewissenhafte Menschen.

Dass mir der Sprung in den Fußballverein nicht gelungen ist, dass ich das, wenn ich ehrlich bin, eigentlich auch gar nicht angestrebt habe, liegt an der Prägung durch mein Elternhaus, das für vieles wesentlich und bestimmend war und heute noch ist. Anderes war eben auch wichtig und der Sport eine von vielen Möglichkeiten, die sich mir boten. Es gab eben noch mehr.

*

Heute stehe ich als Verkündiger des Evangeliums Jesu Christi vor den Menschen, erzähle und erkläre auf verschiedene Weise die Geschichten aus der Bibel und versuche so, Hoffnung, Mut, Standhaftigkeit und Zusammenhalt zu stärken. Oftmals spreche ich über die eingangs bereits zitierten Worte des Apostels Paulus aus seinem Brief an seine Lieblingsgemeinde in Philippi: »Macht meine Freude vollkommen, dass ihr eines Sinnes seid, einander in Liebe verbunden, einmütig, einträchtig, dass ihr nichts aus Streitsucht und nichts aus Prahlerei tut. Sondern in Demut schätze einer den andern höher ein als sich selbst.« (Phil 2,2–3).

Was für ein Lebensprogramm!

AB INS STADION

»Wir wollen jubeln über deine Hilfe …«. (Ps 20,6)

Für meine Begriffe ist es einer der schwierigsten Jobs überhaupt, ein Fußballspiel mitreißend zu kommentieren. Man muss schnell in der Auffassungsgabe sein, ein gutes Auge und Überblick haben, die Spieler kennen, Hintergrundwissen besitzen und auch witzig sein. Vom legendären Günther Koch stammt der vielleicht beste Spruch überhaupt: »Nein, liebe Zuschauer, das ist keine Zeitlupe, der läuft wirklich so langsam«, oder etwas kürzer, ebenfalls von ihm: »Ist das spannend! Der Ball ist im Schlafraum.« Auch das gehört zu einem guten Fußballspiel: Freude, Spaß, Gaudi, den Alltag einfach vergessen können! Ich liebe die Samstagnachmittage, an denen ich gerade irgendwo mit lauter netten Leuten eine Trauung feiern durfte und dann auf der Heimfahrt im Auto eine Fußball-Berichterstattung höre – pünktlich um

15:30 Uhr in der Sendung *Heute im Stadion*. Es beginnt mit einer schmissigen Musik, dann folgt die Einladung an die Zuhörerinnen und Zuhörer, die nächsten zwei Stunden das Fußballgeschehen mitzuverfolgen. Hautnah berichten Radioreporter aus den verschiedenen Fußballarenen in ganz Deutschland.

Noch schöner ist es natürlich, selbst »live und in Farbe« mit dabei zu sein, wenn ein Spiel im Stadion angepfiffen wird. Es muss nicht immer das Grünwalder Stadion sein, keine Frage. Öfters bin ich auch in der Münchner Allianz Arena.

Dass diese moderne Arena in München-Fröttmaning vor einigen Jahren in Kooperation zweier Vereine, der »Roten« und der »Blauen«, entstanden ist, kann man als einen gelungenen Coup und mutigen Schritt in Sachen Fußball in der bayrischen Landeshauptstadt werten. Auch wenn die »Blauen« sich aus finanziellen Gründen vor einigen Jahren aus dem Projekt zurückziehen mussten, war deren Beitrag wichtig. Denn dieser neue »Fußballtempel« wäre niemals Wirklichkeit geworden, wenn nicht alle Fußballfreunde Münchens gemeinsam dafür gestimmt hätten. Fest steht: Der Aufenthalt in einem solchen supermodernen Stadion beflügelt alle Sinne.

Bekanntermaßen bin ich ein Fan der »Blauen«, der Münchner Löwen. Einmal, das weiß ich noch genau, da hat mir jemand bei einem Spiel, als die 1860er gerade dabei waren, einen Eckball auszuführen, von hinten über die Schulter geplärrt: »Buama, hoit's eicha Ruam hi!« Und dann hat der Spieler den Ball tatsächlich reingeeckt – Anlauf, Schuss, Bum, Tor!!! Die Begeisterung unter uns Fans kannte natürlich keine Grenzen. Das vergesse ich nie.

Sportlich ist natürlich immer wieder noch Luft nach oben. Als 1860er-Fan kann ich mit den Sprüchen, die man über die Mannschaft und ihre Fans macht, leben: »Ja, der Löwe braucht eine Spezial-Krankenversicherung«, »Ja, er lebt auch am Montag noch« – die ganze Palette. Aber die Jubeltage wiegen für mich die Niederlagen immer wieder auf: Bielefeld 1977, Meppen 1994. Und die Erinnerung daran, wie ganz Giesing nach dem Sieg der Löwen gegen Saarbrücken und dem damit einhergehenden Aufstieg in die obere Liga getanzt hat, ist mir total präsent. Es war einfach berauschend, unglaublich schön. So etwas nimmt dir keiner mehr.

Wenn die Leute an Weihnachten in die Kirche St. Maximilian kommen und ich bemerke, wie sie als Erstes am geschmückten Tannenbaum, der vorne am Altarraum steht, meine Löwen-Christbaumkugeln suchen, dann lacht mein Herz. Die Kugeln sind für mich ein Statement: Wir genießen den Augenblick. Ein Abstieg bringt uns nicht um.

In einer ganz besonderen Weise hat sich das altehrwürdige Stadion an der Grünwalder Straße, das die Fans liebevoll ihr »Sechzger-Stadion« nennen, über all die Jahrzehnte sein schlichtes Flair bewahrt. Noch heute empfinde ich, wenn ich die ehrwürdigen Ränge betrete, die Nähe und Ergriffenheit, die ich bei meinem allerersten Spiel, das ich dort erlebt habe, gespürt habe. So wie ein Besuch in einer jahrhundertealten Kathedrale die Seele berührt, ist es auch, wenn man besondere Orte seiner Kindheit, beispielsweise dieses Stadion, betritt. Es mag sich manches geändert haben, der Geist des Zusammenhalts, der die Menschen über Generationen hinweg geprägt hat, geht nicht verloren, hier wie da.

Dass es in München gleich zwei traditionsreiche Fußballvereine gibt, empfinde ich als unglaubliche Bereicherung für die Millionenstadt. Noch reizvoller und wünschenswerter wäre es natürlich, wenn beide Vereine erstklassig Fußball spielen könnten. Wenn sich Fans des Rekordmeisters FC Bayern darüber lustig machen, dass der TSV 1860 in den unteren Ligen dahindümpelt, finde ich das seltsam. Einer der größten Fußballclubs der Welt, unvorstellbar erfolgreich, hat diesen Spott und eine solche Herabwürdigung eines Nicht-Konkurrenten doch gar nicht nötig!

*

Die Münchner Löwen-Fans drängten 2017 auf den Auszug aus der Allianz Arena und eine Rückkehr in ihr Grünwalder Stadion. Natürlich war dies eine finanzielle Frage. Mit Spielen in den unteren Ligen füllst du eben keine solche Riesenstadien wie die Allianz Arena.

Einmal war ich Gast bei einem Löwen-Spiel in der Allianz Arena und saß in einer der höher gelegenen Logen. Da sich die immerhin 20 000 (!) anwesenden Fans ansonsten im Riesenrund des Stadion vollkommen verloren gefühlt hätten, hatten die Verantwortlichen kurzerhand den zweiten und dritten Rang für die Zuschauer gesperrt. Der untere Rang genügte vollkommen, um die 20 000 Menschen unterzubringen. Und klar, die Stimmung war auf diese Weise auch besser, weil eine dichtere Atmosphäre entstand.

Beim Blick aus der Loge sah man zuerst auf die leeren Ränge hinunter. Ein anderer Gast sagte angesichts dessen ironisch zu mir: »Hier ist es genauso leer wie in euren Kirchen!«

Nun, die Gründe, warum Plätze im Stadion und in der Kirche leer bleiben, dürften andere sein. Aber dass in der Leere wenig Stimmung aufkommt, ist eine Tatsache. Mein Lieblingsspruch »Leere Kirchen kann man nicht für voll nehmen« ist auch auf leere Fußballstadien übertragbar. Umgekehrt ist festzuhalten: Die Kirchen und die Stadien werden voll sein, wenn die wichtigsten Voraussetzungen dafür erfüllt sind: Die Menschen wollen Leidenschaft erleben, im Stadion, auf dem Platz bei den Mitspielern wie in den Rängen bei den Fans. Das Gleiche gilt in der Kirche. Ob auf dem Rasen oder am Altar: Es braucht Einsatz und Hingabe. Die Atmosphäre muss gut sein.

Stimmung gibt's nie auf Knopfdruck, aber man kann sie beeinflussen. Musik, Gesang, Sprache, der ganze Rahmen und möglichst jedes Detail sollte schön und stimmig sein. Langweilige Gottesdienste, fade Predigten, träge Musik, schleppender Gesang machen den Aufenthalt in einer Kirche unerfreulich. Und es entsteht dann schnell der Eindruck: mein Besuch ist überflüssig. Wenn einen nichts mitreißt, bleibt man besser zu Hause.

Das Gleiche gilt für den Besuch im Stadion. Eine Mannschaft zu erleben, die alles gibt, die sich gegen eine drohende Niederlage stemmt, immer wieder nach vorne geht und sogar dann noch kämpft, wenn es aussichtslos erscheint, reißt jedes Publikum mit. So etwas verdient Applaus. Und die Nähe zu den Fans, deren Begeisterung unmittelbar zu erleben, das ist für die Spielerinnen und Spieler so unglaublich wichtig!

Dass die Fans bei einem Spiel Stimmung machen, ist das eine. Und dass die Spielerinnen und Spieler ihr Bestes geben, das andere. Aber am Ende ist immer das Miteinander entscheidend. Gerade bei der letzten Fußball-Weltmeisterschaft der Frauen in Australien konnte man das beobachten. Die Stimmung war bestens, auch wenn am Ende das Ergebnis nicht so ausfiel wie erhofft.

Der Aufstieg des Frauenfußballs an sich kommt ja schon einer Revolution gleich, wenn man sich in Erinnerung ruft, dass der Deutsche Fußballbund 1955 (!) den angeschlossenen Vereinen untersagt hat, Frauenfußball anzubieten. Begründet wurde dies damals damit, »… dass diese Kampfsportart der Natur des Weibes im Wesentlichen fremd ist«. Und weiter: »… Körper und Seele erleiden unweigerlich Schaden, und das Zurschaustellen des Körpers verletzt Schicklichkeit und Anstand«.[*] So weit das offizielle Statement. Genützt hat es wenig, die Begeisterung für Frauenfußball ließ sich nicht aufhalten. Trotz des Verbots wurden vor allem im Ruhrgebiet zahlreiche Frauenteams gegründet. 1957 entstand der Deutsche Damenfußballverband, zum ersten Länderspiel erschienen 18 000 Zuschauerinnen und Zuschauer im Essener Stadion.

---

[*] Okka Gundel: *Elf Freundinnen müsst ihr sein: Warum Frauenfußball begeistert.* Knaur, 2011

Die Euphorie und Begeisterung ist ungebrochen, wenn man sich anschaut, wie sich weltweit Fans in proppenvollen Stadien versammeln. Viele heben neben einer sehr großen Fairness die Leidenschaft hervor, die die Frauen-Mannschaften auszeichnet.

Vor Kurzem schickte mir ein junger Vater per WhatsApp ein Foto aus der Allianz Arena. Darauf ist zu sehen, wie er zusammen mit seinem 3-jährigen Sohn, der einen rot-weißen Fan-Schal trägt, gerade ein Hotdog verspeist. Dazu schreibt mir der Vater: »Meine erste Stadionwurst habe ich von dir bekommen, im Olympiastadion, etwa 1999. Da war ich mit dir bei den Löwen, das erste Mal im Stadion!«

Wie schön, wenn Menschen glücklich sind und sich gerne an ihre Kindheit erinnern! Und dieses Glücksgefühl dann auch an die nächste Generation weitergeben!

Dem jüngsten Ministranten unserer Pfarrei habe ich zu seiner Einschulung eine Schultüte gebastelt und diese voll mit Süßigkeiten gepackt. Alles war rechtzeitig und schön vorbereitet. Die Tüte war außen ockerfarben und innen mit einem blauen Einsatz aus Krepppapier ausgekleidet. Klar: als Löwen-Fan musste ich es so machen.

Einige Tage bevor der kleine Bub die im Vergleich zu seiner Körpergröße riesige Schultüte von mir als Geschenk der Pfarrei überreicht bekommen sollte, sprach er mich in der Kirche an, zeigte mir seinen roten FC-Bayern-Schal und verkündete stolz, dass er jetzt doch ein Bayern-Fan sei – und nicht länger Löwe. Und ja, er habe sich endgültig entschieden. Mir blieb nichts anderes übrig, als mich flugs wieder ans Werk zu machen und das schöne blaue Innenfutter der Schultüte durch ein rotes zu ersetzen. Es hat ein Weilchen gedauert, aber mein Entschluss war richtig – und wichtig.

»Gott sei Dank ist die Schultüte rot geworden«, sagte der Junge an dem Tag, als ich ihm das Teil vor allen Leuten in der vollbesetzen Kirche als Überraschung überreichte. »Blau hätt sie nicht sein dürfen!« Nun, das war knapp, aber die Schultüte und ich haben es trotzdem ins Ziel geschafft.

*

In zwei Stunden ist Anpfiff. Zeit, sich auf den Weg zur Allianz Arena in Fröttmaning zu machen. Heute findet dort ein »normales Ligaspiel« statt. Aber was ist schon normal beim großen FC Bayern? Alles, was im Umfeld des Vereins geschieht, hat etwas Superlatives. Schon bei der Fahrt mit der U-Bahn und dem sich anschließenden, längeren Weg vom Bahnhof zum Stadion hat man das Gefühl, Teil von etwas Großem zu sein, während sich die Menschenmasse stetig gemeinsam fortbewegt.

Unweigerlich drängen sich mir als Pfarrer Worte des Psalms 122 auf: »Ich freute mich, als man mir sagte: Zum Haus des Herrn wollen wir pilgern. Schon stehen wir in deinen Toren, Jerusalem.« Tatsächlich wirkt das Ganze wie ein gigantischer Pilgerzug. Die Stimmung ist fröhlich, hoffnungsvoll, nicht allzu laut, eher hoch konzentriert. Auf dem Weg dorthin und vor dem Stadion entdecke ich einige bekannte Gesichter. Freudig werden alle, die man kennt, begrüßt, Freudinnen und Freunde umarmt. Die Erwartung, dass jetzt ein großes Ereignis bevorsteht, ist mit Händen zu greifen.

Nach einer kurzen Sicherheits- und Kartenkontrolle gilt es, sich im Stadion selbst zurechtzufinden. Immer wieder staune ich über die Logistik, die es braucht, um ein solches Spiel zu organisieren. Und auch über die funktionale, gekonnt gestaltete Architektur eines solchen Stadions. In dem riesigen Stadiongebäude sollen alle wichtigen Versorgungseinrichtungen vom Imbissstand bis zum WC leicht erreichbar sein, allzu weite Wege müssen auch deshalb vermieden werden, weil nicht alle gut zu Fuß sind. Die Planer und Ingenieure haben in der Allianz Arena Großartiges geleistet und nichts dem Zufall überlassen. Während der Bauphase gab es einen TV-Bericht, in dem der zuständige Bauleiter mit wenigen Worten die Grundlagen beschrieben hat, an denen sich alles ausrichtet. »Orientierung« nennen dies die Architektinnen und Architekten. Die

Tore sind im Norden und Süden, die Haupttribüne im Westen. So werden die Spieler, die Kommentatoren und die Menschen hinter den Fernsehkameras am wenigstens von der Sonne geblendet. Eine solche Klarheit in der Planung fasziniert mich.

Der Architekt Volkwin Marg, den die FAZ als »Champion der Stadionarchitektur« bezeichnet, weil er nicht nur das Berliner Olympiastadion modernisiert, sondern auch in Köln und Frankfurt, in Südafrika, Brasilien, China, Polen, der Ukraine und in Russland gebaut hat, spricht von Stadien als Kathedralen des Fußballs.

Die Allianz Arena fasst etwa 75 000 Menschen. Man kann sich vorstellen, was da los ist, wenn alle begeistert die Mannschaften anfeuern, deren Fans sie sind.

*

Wenn man den richtigen Block im Stadionrund gefunden hat, tritt man aus dem Gang hinaus ins Freie. Als ob man auf einem hohen Berg stehen würde, öffnet sich vor einem die riesige Weite des nach unten absteigenden Stadionrunds, in dessen

Mitte der Rasen leuchtend grün schimmert. Dieser erste Eindruck ist – egal ob die Ränge bereits gefüllt sind oder nicht – total beeindruckend. Es hat tatsächlich, da wiederhole ich mich, eine Gemeinsamkeiten mit dem Gefühl, das wir haben, wenn wir eine Kathedrale betreten. Wir bleiben stehen, schauen uns um – und staunen.

Aus den Lautsprechern kommt Musik, dazu erste Durchsagen des Stadionsprechers. Immer mehr Menschen füllen das Rund, man fühlt förmlich, wie von allen Anwesenden die Zeit bis zum Anstoß rückwärts gezählt wird. Eine gespannte Erwartung und eine sich ständig steigernde leichte Aufregung. »Wann geht es denn endlich los?!«, fragt das Kind zwei Plätze neben mir seinen Papa. Manche decken sich noch mit Brotzeit und Getränken an den Imbissständen ein, um später ja nichts zu verpassen, wenn es losgeht.

Ein erster Jubel und Applaus branden auf, wenn die Mannschaften zum Aufwärmen auf den Platz kommen. Muskeln werden gelockert, Stretch-Übungen absolviert, Spieler laufen hin und her und legen auch immer wieder einmal einen kurzen Sprint ein; dann stoppen sie unvermittelt und machen kehrt –

so wie später im Spiel. Der Torwart hüpft auf und ab, dann zur Seite, lässt seine Arme kreisen. Andere Spieler schießen sich im Elfmeterraum warm. Und der Torwart fängt nun einen Ball nach dem anderen. Manchmal greift er natürlich auch zu kurz und ins Leere. Dazwischen melden sich die Fans lautstark zu Wort und skandieren den Namen eines ihrer Lieblingsspieler. Wenn dieser dann kurz in Richtung Tribüne zurückwinkt, brandet Beifall auf.

Die Zeit des Aufwärmtrainings ist vorbei. Einer nach dem anderen verlassen die Spieler die Rasenfläche und kehren in die Kabinen zurück, bis es losgeht. Der Stadionsprecher begrüßt alle Zuschauer offiziell, stellt dann die Mannschaften vor und gibt die Spieleraufstellung bekannt, die alle Zuschauerinnen und Zuschauer auf den riesigen Anzeigebildschirmen verfolgen können. Die Namen der Spieler der eigenen Mannschaft werden oft laut mitgelesen beziehungsweise gerufen. Das ist der Moment, in dem jede und jeder im Stadion quasi zum zwölften Mann des favorisierten Teams wird. Man könnte denken: Ohne sie oder ihn wäre das Team nicht komplett. Und, na klar: Auch ich habe meine Favoriten unter den Spielern der Löwen.

Man schnürt nicht einfach die Fußballschuhe, geht auf den Platz und spielt drauflos, so wie es einst Franz Beckenbauer bei der Weltmeistermannschaft 1990 sagte: »Geht's raus, Jungs, und spielt's Fußball!« Ein Fußballspiel zu gewinnen, ist heute eine strategische Meisterleistung, vorbereitet von Trainern und Co-Trainern, Fitness-Coaches und Spiel-Analysten. Die Ballführung wird im Voraus taktisch von vorn bis hinten durchgeplant und beim Training monatelang einstudiert. Willst du als Mannschaft auf dem Rasen Erfolg haben, musst du bestens organisiert sein, einen Plan haben und natürlich unbedingt gewinnen wollen! Du darfst auch in hektischen Situationen, wenn alles im Eifer des Spiels durcheinanderwirbelt, den Überblick nicht verlieren und vor allem nichts dem Zufall überlassen. So wie die Bauleute einst das Gebäude entwarfen, in dem wir heute zusammengekommen sind, so müssen die Sportler ihr Spiel auf dem Platz entwickeln – superprofessionell, mit Können und mit Leidenschaft.

Schließlich betreten die Fußball-Helden den Platz, angeführt von den Schiedsrichtern und ihren Kapitänen; begleitet von kleinen Fußballern. Die Großen haben den Kleinen die Hand gereicht, gemeinsam laufen sie auf den Rasen. Gerade diese Geste ist so vielsagend und einladend. Den Jüngsten wird auf diese Weise gezeigt, dass das hier ihr Platz sein kann, wenn sie in ihrem Verein beim Training fleißig und gewissenhaft sind. Denn das braucht es, um irgendwann später, vielleicht in gar nicht allzu ferner Zukunft, ganz vorne dabei zu sein. Auch die Spieler, die heute auf dem Platz versammelt sind, haben sicherlich bereits früh großen Einsatz gezeigt, fleißig trainiert und Talent bewiesen. Deshalb stehen sie hier.

Im Stadion brandet Jubel auf, Fahnen werden geschwenkt und Anfeuerungsrufe hallen von den Rängen. Die erwartungsvolle Freude des Publikums bricht sich Bahn. Alle hoffen: Dieses Spiel heute wird ein großer Erfolg für meine Mannschaft! Manche bangen natürlich auch, dass kein Fehler passiert, dass sich kein entscheidender Spieler verletzt, damit es am Ende nicht schiefgeht. Wie schnell ist ein Ball verschossen, ein Kopfball vermasselt?

*

Zu Beginn tauschen die Kapitäne ihre Vereinswimpel aus, eine Geste der Freundschaft vorab, damit jeder es sehen kann, dass hier keine Feinde, sondern faire sportliche Kontrahenten aufeinandertreffen. Dann reichen die beiden Kapitäne einander und den Schiedsrichtern die Hand, wünschen sich eine gute Partie. Nun nehmen alle ihre geplanten Positionen ein, ob auf dem Rasen oder auf der Trainerbank. Das Spiel kann beginnen.

Jedes Mal ist es auf Neue beeindruckend, wie ein kurzer Pfiff, ein winziges Signal plötzlich eine derartige große Dynamik im Stadion entfacht, die sich nun über zwei Halbzeiten hinweg in immer wieder unterschiedlichen Spielarten entwickeln wird.

Fußball! Das bedeutet für mich und viele andere ein unbeschreibliches Getragen-Werden. Da entsteht in Windeseile eine Welle des Miteinanders unter Tausenden von Menschen – ein Sog der Emotionen, denen sich kaum einer entziehen kann. Es scheint so, als ob die Ränge des Stadions, die alles umschließen, eine große Umarmung sind. Eine, die alle Beteiligten zusammenführt. Für zwei Stunden treten die Fußballbegeisterten aus ihrem Alltag heraus, verlassen die Sphären des Gewöhnlichen, um Teil eines großen Ganzen zu werden. Kein Wunder, dass vielen Besuchern der Gang in Stadien nicht nur zu einer guten Gewohnheit, sondern oft auch zu einer Art heiligem Ritus geworden ist. Zu etwas, was sie in ihrem Leben nicht missen möchten.

Die erste Halbzeit vergeht wie im Flug. Immer wieder gibt es spannende Momente, Situationen, in denen sich die Spieler gegenseitig den Ball abjagen; Pässe quer über den Platz, Eckbälle und Torchancen. Aber es bleibt beim 0:0, bis der Abpfiff ertönt und die Mannschaften zur Halbzeitpause den Platz verlassen. Auch ich vertrete mir etwas die Beine.

»Unvorbereiteter Aufbruch bringt unglückliche Wiederkehr«, sagte der große Johann Wolfgang von Goethe. Es gilt, rechtzeitig wieder am richtigen Platz zu sein, auch wenn das Gedränge in den Gängen zeitweise groß und die Schlange an den Imbissständen lang ist.

Immer wieder ist es faszinierend, wenn Mannschaften nach der Pause aus der Kabine kommen und man direkt zu Beginn der zweiten Halbzeit merkt: Jetzt ist es irgendwie anders als in den ersten 45 Minuten des Spiels. Plötzlich ist da eine Energie, die vorher komplett fehlte: Zweikämpfe werden gewonnen, dem Gegner wird der Ball abgejagt, das Spiel gedreht. Die Zuschauer merken sofort, dass jetzt der Moment gekommen ist, wo jede Unterstützung wichtig ist. Und sie gehen jubelnd mit, während drei Spieler nach vorne in Richtung des gegnerischen Tores stürmen. Pass, Schuss, Tooooor! Eins zu null!!!

Auch wenn es am Ende dabei bleibt, es ist ein tolles Spiel. Natürlich hat es viele ungenutzte Chancen gegeben, die man hätte verwandeln können. Aber es sollte wohl nicht sein.

Das Spielende hat seine eigene Choreografie: die Verabschiedung von Spielern und Fans, jubelnde Menschen, andere, die etwas gedrückt nach draußen drängen. Es folgt der Zug der Befreiten oder Geschlagenen, der Sieger oder Verlierer in Richtung U-Bahn-Haltestelle. Das Spiel ist vorbei, aber das nächste Spiel kommt bestimmt. Neue Chance, neues Glück?

Meine Mannschaft hat heute gewonnen. Ein gutes Gefühl!

»Wir wollen jubeln über deine Hilfe / und im Namen unseres Gottes das Banner erheben. Der HERR erfülle all deine Bitten«, heißt es in Psalm 20, an den ich gerade denken muss.

Vor einiger Zeit saß ich bei einem Fußballspiel neben einem Mann, der zweimal während des Spiels seinen Platz verließ. Einmal, um sich ein Bier zu holen, und dann noch ein weiteres Mal, um die Toilette aufzusuchen. Exakt in diesen beiden Zeiten fielen die zwei Tore des Spieles. Beim Verlassen des Stadions meinte er zu mir: »Eigentlich hätte ich auch zu Hause bleiben können. Tore habe ich ja ohnehin keine gesehen.« Hoffentlich hat er wenigstens die tolle Stadionatmosphäre in bleibender Erinnerung, dachte ich mir.

GEBT JEDEM EINEN BALL

»Er liebt das Recht und die Gerechtigkeit, die ganze Erde ist erfüllt von seiner Güte.« (Ps 33,5)

Von einem zukünftigen Firmpaten gefragt, was er wohl seinem Firmling schenken könnte, weil er noch keine passende Idee hatte, riet ich, den Jugendlichen selbst zu fragen, was er sich wünscht. Die Antwort, die der Junge gab, hat seinen Paten und mich freudig überrascht, er sagte: »Ich würde so gern mit dir einmal ins Stadion zu einem Fußballspiel gehen!« Gesagt, getan. Mit leuchtenden Augen erzählte mir der Firmpate später, wie ergriffen sein Neffe die ganze Atmosphäre an diesem Tag aufgenommen hat. Wie sie im Stadion nicht nur das Spiel verfolgt, sondern auch gemeinsam gegessen und getrunken haben. Ein Spezi und eine Currywurst können zum Festmahl werden. Solche positiven Erlebnisse sind so wichtig!

Die Deutsche Meisterschaft der »Sechzger« 1966 habe ich im Übergang von Kindergarten zu Grundschule mitbekommen. Ein paar Mal durfte ich damals auch schon ins Stadion mitgehen. Unvergesslich! Besonders fasziniert hat mich der Taferlmann oben in der Stadionkurve. Mit einem Stangerl hat er die Ziffern, die den Spielstand zeigten, aufgehängt. Daran denk ich heute noch immer mal wieder, wenn ich in der Kirche die Stange fürs Einhängen des ewigen Lichts in der Hand habe. Überhaupt war die ganze Atmosphäre im Stadion für mich als kleiner Junge einfach toll, auch die extreme Nähe, die ich als Zuschauer zum Spielfeld hatte. Beim Eckball konntest du ja fast hinlangen an die Spieler. Und ich bin meinen Eltern dankbar, dass sie mir diese schönen Erlebnisse damals ermöglicht haben.

Ohne Zweifel ist das Elternhaus der prägendste Ort für jedes Kind. Als Schulkind konnte ich als Bolzplatzkicker nie größere Erfolge verbuchen, war aber begeistert bei der Sache. Meine Eltern hatten positiv registriert, »dass der Junge viel an der frischen Luft war«, im Zusammenspiel mit seinen Freunden ein gesundes Sozialverhalten an den Tag legte und es für die Art des Fußballspiels keiner größeren Investitionen bedurfte. Sosehr man sich das als kleiner, in den Ball verliebter Junge auch wünschte, es gab auch erst einmal überhaupt keine Notwendigkeit für eine spezielle Ausrüstung, beispielsweise ein Fußballtrikot oder besondere Schuhe. Wir spielten einfach so, wie wir waren, und mit dem, was wir hatten. Straßenschuhe waren absolut ausreichend, auf im wilden Spiel aufgeschürfte Knie kam ein Pflaster. Der Platz, auf dem wir kickten, war klein und überschaubar, die Bewegung tat allen gut, und wenn wir abends verschwitzt nach Hause kamen, waren wir glücklich. Ballspielen war eine Wucht! Zu Bruch gegangene Gegenstände oder eingeschossene Fenster gingen selbstverständlich manchmal auch auf unser Konto. Aber das wurde hingenommen. Viel zu groß und bedeutend positiv waren die Vorteile des gemeinsamen Spiels, als dass man uns irgendetwas dagegengesetzt hätte. Wir Jungs brannten für diese Form unserer Freizeitgestaltung, und es gab fast nichts, das dem Fußballspiel auf dem Bolzplatz Konkurrenz machen konnte.

Noch heute habe ich das enttäuschte Gesicht meines Vaters vor Augen, als wir mit der ganzen Familie einmal mit der Seilbahn einen Ausflug in die Tiroler Bergwelt gemacht haben. Bedingt durch die Wetterlage hingen die Wolken an diesem Tag sehr tief. Wir waren oben an der Bergstation angekommen und mein Vater wollte meinem Bruder und mir begeistert zeigen, wie es sich anfühlt, wenn man über den Wolken steht: wenn die Wolkendecke im strahlenden Sonnenschein wie ein Teppich ausgerollt vor einem liegt und nur die Bergspitzen herausragen. Natürlich war dies beeindruckend. Trotzdem stellte ich plötzlich die Frage, wann wir denn wieder zu Hause sein würden – und ob ich dann noch auf den Bolzplatz gehen könnte. Seit diesem Moment weiß ich, wie absolutes Unverständnis aussieht.

Es wurde mir nie verwehrt, einem Fußballverein beizutreten, aber meine Eltern haben meine Begeisterung für den Ballsport nicht gefördert. Nie wären sie auf die Idee gekommen, mich in einem Verein zum Training anzumelden. Vermutlich spielte dabei auch der finanzielle Aspekt eine Rolle. Wir waren nicht arm, aber kostspielige Hobbys waren definitiv nicht drin. Fußballschuhe, Mannschaftskleidung, all das hätte ja gekauft werden müssen, ganz zu schweigen vom Vereinsbeitrag, der fällig geworden wäre. So waren meine Eltern vermutlich froh, dass es auch von meiner Seite kein Drängen in diese Richtung gab. Fußballspielen war dennoch für lange Zeit eine schöne Freizeitbeschäftigung für mich. Und es blieb nicht beim Bolzplatz. Wir Jungen aus der Nachbarschaft suchten uns irgendwann größere Rasenflächen, um das Training auszuweiten. Das Tor wurde exakt abgeschritten und der Raum links und rechts mit zwei dort abgestellten Sporttaschen begrenzt. Ebenso wurden die Ecken des Spielfeldes abgesteckt und mit ein paar Gegenständen eine virtuelle Seitenauslinie gezogen. Auch die Mannschaftseinteilung wurde professioneller. Wir achteten auf eine gute Besetzung im Tor und auf dem Feld. Dabei entstand natürlich auch so manche Diskussion, ob die Mannschaften wirklich gerecht eingeteilt und das Kräfteverhältnis ausreichend berücksichtigt worden war.

In unserer Siedlung war es offiziell verboten, bestimmte Grünflächen zu betreten, warum auch immer. Wir sollten auf dem uns zugewiesenen Bolzplatz bleiben. Aber der war nach unserem Gefühl irgendwann schlicht zu klein und zu unattraktiv. Dass wir nun unseren Radius erweiterten, hatte Konsequenzen: Der Hausmeister schimpfte und drohte mit drakonischen Strafen, während er uns verfolgte, wenn wir wieder einmal auf seinem »Heiligen Rasen« Fußball spielten.

Einige Väter meiner Kameraden fanden es richtig gut, dass wir gerne in unserer freien Zeit kickten. Sie förderten uns, wo es ging, und verteidigten uns auch, wenn es mal wieder richtig Ärger gab. Sie konnten zwar die »Siedlungsverhaltensordnung« auch nicht ändern, aber sie organisierten uns andere Spielflächen; Parkwiesen in der Nähe, auf denen das Ballspielen erlaubt wurde. Oder wir durften den Hof unserer Grundschule nutzen.

Dass manche dieser Väter auch unsere ersten Zuschauer waren, berührte mich persönlich tief. Warum das so war, erzähle ich gleich. Wir spielten jedenfalls das erste Mal vor Publikum, mussten uns alle von der besten Seite zeigen und beweisen, was wir draufhatten. Jeder war gefordert, wenn das Spiel angepfiffen war. Leichtsinnsfehler mussten vermieden werden, es galt, immer vollen Einsatz zu zeigen;

kein Laufweg war zu viel. Es ging jetzt auch irgendwie um mehr – um was genau, das konnten wir noch nicht in Worte fassen. Aber wenn die eigene Mannschaft das Spiel verloren hatte, stellte sich jetzt stärker als früher, als wir einfach unbeschwert gegeneinander antraten, das Gefühl der Enttäuschung ein.

Dabei wurden ja gar keine Punkte vergeben, keine Tabellenplätze belegt und keine Pokale ausgelobt. Aber dennoch ging es um etwas!

»Um die Ehre!«, hieß damals die schnelle Antwort, wenn wir Jungs gefragt wurden, worum wir eigentlich spielten. Zu Punkten, Preisen und Pokalen, die es ja nicht gab (wer hätte sie auch ausloben sollen), war die Ehre durchaus eine gute Alternative. Und wenn man von einem der anwesenden Väter angesprochen oder gar gelobt wurde, war dies das Größte.

*

Heute versuche ich als Pfarrer, jungen Eltern nahezubringen, dass wir Kindern ihren Weg nur bedingt vorgeben sollten. Dass wir trotz all unserer Wünsche, was unsere Kinder später einmal werden – was sie dafür machen und lernen sollen –, nie ihre Freiheit, selbst zu entscheiden, beschneiden dürfen. Dass es nicht darum gehen kann, dass sie das erfüllen, was wir uns vorstellen. Und dass es erst recht nicht darum gehen kann, irgendetwas zu kopieren, was vorgebeben wird. Positiven Einfluss auf unsere Jüngsten auszuüben, zu versuchen, ihnen einiges mitzugeben, was wesentlich ist, um im Leben zurechtzukommen, das macht Sinn. Sich um etwas zu bemühen, das ist in Ordnung – aber eben nicht mehr. »Eure Kinder sind nicht eure Kinder. Sie sind die Söhne und die Töchter der Sehnsucht des Lebens nach sich selber« – so drückt es auf wunderbare Weise der libanesisch-amerikanische Dichter Khalil Gibran aus. Zu dem in den letzten Jahren verstärkt in den Blick geratenen neuen Begriff »Helikoptereltern« – der diejenigen beschreibt, die überfürsorglich ihre Kinder bei jedem Schritt (hin zur Schule und zurück, in den Musik-, Tanz- oder Sportverein) begleiten – gibt es mittlerweile sogar eine sprachliche Steigerung, nämlich die »Schneeschaufeleltern«: Alles wird aus dem Weg geräumt, was einer geplanten Entwicklung der Kinder auch nur irgendwie im Wege stehen könnte.

Nichts von dem hatte die Generation meiner Eltern im Sinn. Die gerade zu Ende gegangenen Kriegsjahre waren prägend, beschwerlich, zerstörerisch gewesen. Viele Menschen hatten alles verloren – ihre Heimat, ihren Besitz, ihre Arbeit. Millionen von Menschen ihr Leben. Andere waren verletzt und traumatisiert worden. In vielen Ländern Europas, die vom Krieg versehrt worden waren, mussten die Menschen ganz von vorne beginnen.

Auch München war nach dem Krieg ein Trümmerfeld. In den ersten Jahren nach dem Krieg wurde gehungert und gefroren. Zum Glück gab es bald wieder gute Perspektiven. Neue Wohnungen, Arbeitsplätze, ein Auskommen. Familien wurden gegründet. Die Hauptsorge galt der persönlichen Reifung und Entwicklung der Kinder, einer guten schulischen und häuslichen Erziehung und nicht minder einer anständigen religiösen Bildung.

Fußball spielte vorerst keine Rolle. Und es gab zunächst auch keine eigenen Freizeitbeschäftigungen, die für die »Kriegsgeneration« besonders wichtig gewesen wären. Niemals wären meine Eltern einem Sportverein beigetreten, auch nicht als passive Mitglieder. Alles war auf das Wesentliche konzentriert: Erziehung, Bildung und positive Prägung der Kinder. Mein Bruder und ich haben klassische Instrumente lernen dürfen – Geige bzw. Cello –, und die Eltern unterstützten mein Interesse an der katholischen Gemeindearbeit. Ich durfte im Gottesdienst ministrieren und in der Jugendgruppe mitmachen, später auch Gruppen leiten, während mein Bruder Mitglied in einem Segelflugverein wurde, den Flugschein absolvierte und so auch seine berufliche Laufbahn vorbereitete.

*

Ein Priesterkollege aus Gelsenkirchen hat mir erzählt, was in seiner Kindheit in den Vor-, aber vor allem auch in den Nachkriegsjahren im Ruhrpott prägend war: Bergbau, die katholische Kirche und der Fußball. Der Bergbau garantierte das Auskommen, die Kirche diente der Sinnstiftung, und der Fußball war pure Leidenschaft. Leidenschaft und Sinnstiftung haben sich auf kongeniale Weise verbunden. Einmal im Westfalenstadion zu stehen und 80 000 Menschen ihre »Borussia«-Hymne singen zu hören, lässt einen erschaudern und spüren, wie sehr die liturgisch-kirchliche Herkunft und der Sport hier »im Pott« verbunden sind.

Meine Mutter war durchaus an Fußball interessiert, aber ob, und wenn, gegen wen gerade »die Roten« des Fußball Clubs Bayern oder die blauen Löwen des TSV 1860 spielten, war bei uns zu Hause nie das beherrschende Thema. Ganz anders war es, wenn es um die deutsche Fußball-Nationalmannschaft ging. Wenn in meiner Kindheit abends bei uns zu Hause ein Fußballspiel lief, bei dem die Nationalmannschaft gegen ein anderes Team antrat, kam es einem Fanal gleich, meine Mutter beim Zuschauen zu stören. Egal ob Freundschafts- oder Schicksalsspiel, beides war gleich wichtig. Eine Unterscheidung der Mannschaften in ihren farbigen Trikots war dabei auch am Schwarz-Weiß-Fernsehgerät anhand der unterschiedlichen Schattierungen möglich. Lieferte die Nationalmannschaft nicht die erhoffte Leistung ab, war dies auch am Folgetag in unserer Siedlung ein beherrschendes Thema. Und wenn die »Unseren« gewonnen hatten, war die Freude riesig. Die Menschen standen zusammen und tauschten sich dazu beim Stiegenhausratsch oder auf der Straße aus.

Dass die Spiele der Nationalmannschaft eine derart große Bedeutung hatten, war sicher auch durch die Kriegs- und Nachkriegs-Erfahrungen geprägt. Da war auf der einen Seite die tiefe Schuld und Schmach, die das Nazi-Deutschland über unser Land gebracht hatten. Die Erfahrung des Untergangs. Und dazu kam die Notwendigkeit, wieder aufzustehen. Es ging, wenn die Nationalmannschaft spielte, auch um das Ansehen des ganzen Landes. Ein positives Bild vermittelte das mit großem Einsatz gegen Ungarn gewonnene Spiel bei der Fußball-Weltmeisterschaft 1954 – das sogenannte »Wunder von Bern«. Als Helmut Rahn sechs Minuten vor Schluss das dritte Tor für Deutschland schießt, ist der Jubel unbeschreiblich.

Dass dieses Endspiel gewonnen wurde, muss damals für alle im Land eine unglaublich wichtige Erfahrung gewesen sein. Auf jeden Fall wurde noch Jahrzehnte nach diesem Ereignis darüber gesprochen. Viele, die die Spiele und Titelgewinne 1974, 1990 und 2014 miterlebt haben, können dies sicher im Ansatz nachempfinden.

*

Niemals wäre es meinem Vater in den Sinn gekommen, alleine, mit Freunden oder mit uns Kindern in ein Fußballstadion zu gehen. Ich glaube, er hätte sich von den anderen Menschen beobachtet gefühlt und deshalb dem Spiel überhaupt nicht folgen können. Auch das frenetische Anfeuern und Bejubeln einer Mannschaft wären ihm absolut fremd gewesen. Hinzu kam in den ersten Jahren, dass es auch finanziell wohl nicht drin war. Der einzige mögliche Rahmen, einem Fußballspiel beizuwohnen, war für meinen Vater der geschützte Raum unseres Wohnzimmers. Er respektierte die Begeisterung meiner Mutter, die meist in großer Vorfreude einem Länderspiel entgegenfieberte. Aber er konnte sich nur mühsam dieser Lebensfreude nähern. Während eines Spieles sagte er selten etwas zu dessen Verlauf. Nie hätte er die Leistung eines Spielers beurteilt. Aber manchmal kommentierte er das Geschehen dann doch auf seine Weise. Ohne Vorwarnung konnte mein Vater in den spannendsten Moment eines Spieles hinein einen Satz sagen, der die aufgeheizte Stimmung jäh unterbrach: »Gebt doch jedem einen Ball, dann ist Ruhe auf dem Platz!« Das war's. Er lachte dabei und meinte es keinesfalls böse. Aber er freute sich auch an unseren Reaktionen, unserem Unverständnis ob seiner Aussage. Aber wir vermieden jegliche Diskussion. Denn wir wussten haargenau, was mein Vater damit zum Ausdruck bringen wollte. Mit seiner Bemerkung wollte er eine gewisse Verhältnismäßigkeit der Dinge herstellen. Das, was da gerade passierte, auf seine Weise etwas zurechtrücken; klarmachen, dass es auch anderes im Leben gibt, was wichtig ist. Jedem Spieler einen eigenen Ball zu geben, das wäre natürlich Blödsinn – das wusste auch mein Vater.

Erst viel später erfuhr ich von dem Grauen und der Niedertracht, die meinen Vater als jungen Menschen völlig verändert haben. Beraubt vieler Möglichkeiten, die sonst einem Heranwachsenden zur Verfügung stehen, blickte er auf ein unbeschreibliches Horrorszenario zurück. Das hinderte ihn nicht daran, dennoch positiv in die Zukunft zu schauen, eine Familie zu gründen, seine Aufgaben im Beruf als Postbeamter, als Christ in der Welt, als Vater zweier Söhne und als Ehemann zu erfüllen. Aber das gewisse Spielerische, die Freude am Ungezwungenen, ja manchmal vielleicht auch Überflüssigen,

Oberflächlichen, war ihm abhandengekommen. Dementsprechend verhalten stand er auch dem Fußballgeschehen gegenüber.

Mein Vater war ein Mann voller Autorität, Weisheit, Strenge und Überlegenheit, der es schaffte, selbst im größten Getümmel die Übersicht und die Oberhand zu bewahren. Auf seine Beurteilungsgabe und Klarheit konnte man sich meist verlassen. Und ja, Fußball, das war einfach nicht sein Ding. Die ganze Emotionalität eines Spiels berührte ihn als Einzigen aus unserer Familie nicht. In seiner Nüchternheit hätte er vielleicht ein guter Schiedsrichter werden können. Einer, auf dessen neutrales Urteil man sich verlassen konnte. Es gibt einen Psalmvers in der Bibel, der den Schiedsrichter allgemein und meinen Vater im Speziellen wohl mehr als treffend beschreibt: »Er liebt das Recht und die Gerechtigkeit, die ganze Erde ist erfüllt von seiner Güte.« (Ps 33,5)

Dass es im Leben immer um mehr zu gehen hat, als einem auch der schönste Sport (beispielsweise der Fußball) vermitteln und geben kann, das hat mir mein Vater auf eine gute Weise vermittelt. Andere

Menschen haben dafür gesorgt, dass ich die Nähe zum Fußball nie verloren habe. Mir war schon als junger Mann klar: Ich werde immer mit diesem wunderbaren Sport in Berührung bleiben, in welcher Form auch immer. Was sich mir damals zuerst im Miteinander des gemeinsamen Spiels auf dem Bolzplatz aufgetan hat, was mir geschenkt wurde, das wird mich ein Leben lang begleiten.

TOR!!!

*»Herr, zeige ihnen deine Macht! Wir wollen
deine großen Siege besingen und dich preisen.«*
(nach Ps 21,14)

Der Olymp ist zum Greifen nahe, als ich eines Tages
das Angebot bekomme, meinen besten Spielkamera-
raden aus der Siedlung zusammen mit seinem Bruder und seinem Vater zu einem Spiel des TSV 1860
München ins Grünwalder Stadion zu begleiten.

Für mich war es eine kleine Weltreise, auf Giesings Höhen zu pilgern. Diesen Stadtteil, eine Arbeitersiedlung, hatte ich zuvor noch nie betreten.
Ich stamme aus Laim, einer biederen Vorstadtsied-
lung im Münchner Westen. Die Entdeckertour war
möglich geworden, nachdem unsere Eltern alles genau miteinander besprochen hatten. Der Vater meines Freundes war auch Postler, wie viele in unserer
Siedlung. Das schaffte Vertrauen. Sonst hätten mich

meine Eltern vermutlich niemals in ein solches Abenteuer ziehen lassen, auch weil sie selbst noch nie zuvor bei einem Live-Fußballspiel dabei gewesen waren.

Die Löwen – so die Bezeichnung der Mannschaft im Volksmund – und ihr Stadion in Giesing haben für viele Menschen in München Kultstatus, mehr noch: man möchte sagen, eine fast überirdische Dimension. Hier spricht der absolute Fan – Sie mögen es mir verzeihen.

Es war damals, bei meinem ersten Stadionbesuch, noch gar nicht so lange her, dass die Münchner Löwen im Jahr 1966 ihren ersten – und leider bis heute einzigen – Meistertitel errungen hatten. Und der FC Bayern war damals schon ein aufstrebender Verein.

*

Die Trambahn ist voll, wir finden gerade so noch Stehplätze. An der Haltestelle, die dem Stadion am nächsten ist, steigen fast alle mit uns aus und ziehen gemeinsam durch die Straßen. Der Stolz, den ich darüber empfinde, heute und hier dabei sein zu dürfen, ist riesig. Menschenströme haben sich in Bewegung gesetzt, es geht zum Fußballschauen – und ich selbst bin ein Teil dieses langen Zuges … Dieses Glück erfüllt mich zunehmend, während ich mich mit meinem Spielkameraden, dessen Bruder und seinem Vater dem Stadion nähere.

Dass ein Fußballspiel auch außerhalb des Fernsehgerätes und auch noch in meiner Heimatstadt derart viele Menschen mobilisieren würde, hatte ich nicht geahnt. Es lag jenseits meiner Vorstellungskraft. Und auch das Stadion erscheint mir riesig, als ich das erste Mal an der Fassade emporschaue. Die freudige Erwartung derer, die gekommen sind, um heute dabei zu sein, lässt die Luft förmlich vibrieren. Ich habe das Gefühl, hier trifft sich eine ganz große Fußballfan-Familie, rückt ganz eng zusammen, damit alle hineinpassen. Und das Stadion umfasst uns tatsächlich alle, Zuschauerinnen und Zuschauer und natürlich vor allem auch die Spieler, wie mit zwei riesigen ausgebreiteten Armen. Es ist ein festliches Ereignis, manche Herren tragen sogar zum Hemd eine Krawatte. Aber die meisten sind wie auch wir so gekommen, wie sie immer unterwegs sind, in ganz normaler Straßenkleidung.

Im Rückblick betrachtet stelle ich fest: Anders als heute hat damals niemand ein Trikot in den Farben seiner Lieblingsmannschaft getragen. Und es gab auch noch keine Sicherheitskontrollen am Eingang, wir wurden einfach durchgewunken. Es wäre ohnehin damals niemand auf die Idee gekommen, Bengalos oder andere sportfremde Gegenstände einzuschmuggeln.

Ein Stück heile Welt? Ja, das war es, an meinem ersten Tag im Stadion.

Und ich hatte zudem das Glück, dass wir direkt in der Nähe der Anzeigetafel standen. Ein Riesenteil, ganz aus Holz, an dem die Namen der beiden Mannschaften stehen. Darunter zwei Felder, auf denen die Tore angezeigt werden. Wenn ein Treffer fällt, werden die Schilder mit einem Holzstab, an dessen Spitze ein Eisenhaken befestigt ist, ausgetauscht. So erklärt es uns der Vater meines Spielkameraden.

Heute spielt der TSV 1860 München gegen Rot-Weiss Essen. Wir warten noch eine Weile, bis es losgeht, denn wir sind früh gekommen – und ich frage mich: Wann werden denn endlich die beiden Mannschaften auf dem Spielfeld begrüßt? Ich kann es kaum erwarten! Und ich spüre auch die wachsende Spannung bei all den anderen Zuschauern.

Ein zitterndes Beben geht durch die Reihen, als die Spieler, Schieds- und Linienrichter den Heiligen Rasen von Obergiesing betreten. Da sind sie! Alle werden bejubelt, dabei hat das Spiel ja noch gar nicht begonnen. Faszinierend, dass man derart begeistert empfangen wird, bevor man etwas abgeliefert hat! In einer Reihe stellen sich die Spieler auf und begrüßen ihrerseits das Publikum im Stadion. Das Versprechen, das sie dabei allen auf den Rängen geben, lautet: Wir kämpfen heute mit aller Kraft um den Sieg! Auf uns könnt ihr euch verlassen! Wir geben alles!

Die Kapitäne gehen aufeinander zu, treffen sich am Mittelfeldpunkt und geben sich die Hand. Der Schiedsrichter spricht mit den beiden. Was es wohl zu bereden gibt? Ah, jetzt wird ausgelost, wer auf welcher Hälfte des Platzes spielt. Auch das lerne ich

Das Grünwalder Stadion

an diesem Tag: Die eine Mannschaft hat anfangs vielleicht einen kleinen Nachteil, weil sie gegen die Sonne spielen muss. In der Halbzeit wird deshalb dann getauscht.

So gewaltig das Geschehen insgesamt ist, am meisten berührt mich das Abklatschen der Spieler untereinander, auch das mit den gegnerischen Spielern, bevor alle in ihre jeweilige Hälfte des Feldes gehen. Fairness ist angesagt – diese Botschaft wird klar und deutlich zum Ausdruck gebracht.

Die Spieler nehmen ihre Positionen ein, dann ertönt der Anpfiff. Und los geht's!

Wir sind unglaublich nah dran am Geschehen unten auf dem Rasen. Jede Bewegung, jedes gute Dribbling und natürlich auch jedes Foul wird von den Zuschauern sofort lautstark kommentiert. »Eckball!«, rufen die Umstehenden. Auch der Schiedsrichter hat das Foul erkannt und gibt den gewünschten Strafstoß. Eine Torchance. Die Spannung steigt. Der Spieler der Löwen legt sich den Ball zurecht, seine Mitspieler versammeln sich alle vor dem gegnerischen Tor, um möglichst gut an den Ball heranzukommen, der nun gleich geflankt wird. Jeder gibt sein Bestes, davon bin ich überzeugt.

Die einen versuchen, den Ball anzunehmen, ihn ins Tor zu schießen oder zu köpfen. Und das gegnerische Team verteidigt das Feld vor dem Tor und setzt alles daran, das Leder so schnell und so gut wie möglich aus dem Strafraum herauszubefördern. Aber noch ist nichts passiert. Immer noch justiert der Spieler der Löwen den Ball am Eckfähnchen.

Neben mir wird ein Herr mittleren Alters ganz unruhig, er scheint die Spannung nicht länger auszuhalten, vergisst scheinbar völlig, dass er eine brennende Zigarette in der Hand hält. Der Glimmstängel ist schon so weit abgebrannt, dass die Asche jeden Moment herunterzufallen droht, denke ich, während ich meinen Nachbarn beobachte. Aber der Mann hat ganz anderes im Sinn. Er ruft laut in Richtung der Löwen-Spieler: »Auf geht's, Jungs! Haltet eure Schädel hin!« Es ist klar, was gemeint ist: Rangehen sollen sie, auch wenn's eng wird, auch wenn Körper zusammenkrachen. Einfach draufhalten!

Schuss.

Vorbei.

Der Ball fliegt hoch übers Tor. Dieser Sport braucht auch das Glücksmoment.

Die Atmosphäre ist mitreißend, berauschend, faszinierend – umwerfend. Ich komme nicht mehr aus dem Staunen heraus und erlebe wenig später, dass ein Tor manchmal auch scheinbar ohne größere Vorbereitung, wie aus dem Nichts heraus fällt. Denn plötzlich schreien alle in unserem Block wild durcheinander: Tor!!!!! Toooor!!!

Ich habe gar nicht gesehen, wie der Treffer gelungen ist. Irgendwie ging das auf dem Spielfeld viel zu schnell für mich.

Der Mann mit der Holzstange hängt die Tafel mit der »1« darauf an den Haken und balanciert sie nach oben, während der Stadionsprecher dem frenetisch jubelnden Publikum den neuen Spielstand mitteilt. Wenn überhaupt gegnerische Fans anwesend sind, gehen sie in diesem Jubel unter. Die lautstark zum Ausdruck gebrachte Freude ist unglaublich mitreißend. Mir scheint, dass alle Menschen in diesem Stadionrund eine wirkliche große Gemeinschaft sind. Und dieses Tor ist ihr Erfolg, einer, den alle gemeinsam errungen haben. Jeder darf jetzt richtig stolz sein, nicht nur der Torschütze. In diesem Augenblick ergreift mich ein mir bis dahin unbekanntes Gefühl der Zufriedenheit und der Erhabenheit. Ein unglaubliches Glücksgefühl, das nicht nur mich, sondern all die Menschen hier beseelt und bestärkt.

*

Die Spielpause verbringen wir dort, wo wir die ganze Zeit über waren. Es bietet sich die Gelegenheit, sich einmal hinzusetzen und die langsam müde gewordenen Beine ein wenig auszuruhen. Vorsorglich haben wir vor dem Fußballspiel zu Hause gegessen und getrunken, sodass wir jetzt im Stadion nichts kaufen müssen. Das Geld ist knapp und Sparsamkeit angesagt.

Bald darauf beginnt die zweite Halbzeit des Spiels. Viele Abläufe sind mir nun schon bekannt, und ich traue mich sogar einige Male, bei den Fangesängen mitzumachen. Die Hymne der Münchner Löwen »57–58–59–60 – so erklingt's im Chor« ist uns jungen Burschen ja durchaus vertraut. Jetzt dieses Lied mit Tausenden gemeinsam zu singen, übertrifft alles, was ich bisher erlebt habe. Letztlich bleibt es heute beim eins zu null, auch wenn es noch einige Torchancen gibt. Unsere Mannschaft gewinnt.

Als der Schlusspfiff ertönt, liegen wir uns in den Armen. Danach geht alles sehr schnell. Die Spieler unten auf dem Platz verabschieden sich voneinander mit Händedruck und zeigen einander so ihre Hochachtung. Gerade eben haben sie noch auf dem Platz miteinander um den Ballbesitz gekämpft – und nun, nach dem Schlusspfiff ... ist alles gut, so als hätte es gar keine Auseinandersetzung gegeben. Die Spieler verabschieden sich winkend von den Zuschauenden, und alle machen sich auf den Heimweg.

Mir fällt in diesem Moment ein, wie oft wir uns bei unseren Fußballspielen auf dem Bolzplatz schon gestritten haben, wie wir teils tagelang noch diskutiert und gepoltert haben, wer, wem, wann, was ... Die Profis da unten auf dem Rasen sind mir heute zum Vorbild geworden. So soll es auch bei uns sein, denke ich.

DAS KREUZ
MIT DER AUSWAHL

»Wohin ich auch gehe, überall umringen sie mich.
Sie warten nur darauf, mich zu Fall zu bringen.«
(Ps 17,11)

Die Vorbildfunktion von Sport im Allgemeinen und von Sportlerinnen und Sportlern im Besonderen ist nicht zu unterschätzen, einfach unglaublich wertvoll. Sportler, die zu Gewaltlosigkeit, Frieden und Toleranz aufrufen, sich aktiv gegen Rassismus und Hetze starkmachen, sind gerade heute besonders wichtig. Und ich freue mich, wenn Sportler auch ihre ethische und religiöse Gesinnung nicht verbergen, offen von ihrem Glauben und ihrer Hoffnung reden.

Es macht Sinn, früh mit dem Sport zu beginnen, wenn du weit kommen möchtest. Dass bereits die allerjüngsten »Fußball-Zwergerl«, die quasi gerade erst das Laufen gelernt haben, bereits Ballkontakte haben. Zunächst wirkt so ein Fußballspiel der Kleinsten wie das wilde, hemmungslose Herumtollen junger Hundewelpen. Alle laufen auf den Ball zu, purzeln durcheinander, manche fallen. Und irgendwie landet der Ball aus der Masse heraus dann letztendlich doch in einem Tor. Dieses scheinbar unkoordinierte, spielerische Umgehen miteinander und mit dem Ball ist wichtig, um später einmal wie ein Jamal Musiala vom FC Bayern München den Ball mit den leichtesten Berührungen zu streicheln und zu führen, ihn um den Gegner herumspielen zu können. Schon früh werden die Grundlagen dafür gelegt, ein solches Ballgefühl zu bekommen. Beim Zuschauen staunt man darüber, dass es eine unsichtbare Verbindung zwischen dem Spieler und seinem Ball zu geben scheint. Fast alle großen Fußballheldinnen und -helden von heute bestätigen, wie früh sie bereits dran waren am Ball – und wie sie damals damit begonnen haben, ihre Fähigkeiten zu entwickeln und dann nach und nach weiter auszubauen.

*

In meiner Jugendzeit war ich nicht gerade unsportlich, aber eben auch nicht die geborene Sportskanone. Der Schulsport hat mich nicht begeistert, obwohl ich in meiner Freizeit schon eine ganze Zeit lang gekickt hatte. Es ist natürlich auch etwas komplett anderes, sich mit seinen besten Freunden ohne Druck und Zwang den Freuden des Fußballspiels auf dem Bolzplatz in der Siedlung hinzugeben, als in der Schule sportliche Leistungen zeigen zu *müssen*. Eben nicht nebenbei in der Pause oder während einer Freistunde, sondern ganz offiziell im Sportunterricht, unter Lehreraufsicht, mit Benotungsdruck. Und ich stellte mir damals auch die Frage, wie man im Sportunterricht ganz grundsätzlich überhaupt eine Leistung benoten kann, weil jeder andere körperliche Voraussetzungen und sportliche Qualitäten mitbringt. Die einen waren von ihrem Körperbau perfekte Sprinter, andere eher Langstreckenläufer. Manche konnten weit springen, andere eher in die Höhe. Einige waren wendiger, ihre Mitschüler hatten mehr Kraft.

Bei Leichtathletikwettbewerben lassen sich Weiten und Zeiten messen und nach einer vorgegebenen Tabelle in Noten umwandeln. Aber das war's

dann doch schon. Wie will man bitte ein Ballspiel –
sei es Fußball, Handball oder Basketball – benoten?
Es blieb mir ein Rätsel.

Am Ende von oft eher langweiligen Sportstunden
im Gymnasium, gespickt mit Geräteturnen, Zirkel-
training oder Fitnessparcours, erhielten wir als Be-
lohnung immer wieder die Möglichkeit, die Stunde
mit einem kurzen Fußballspiel ausklingen zu lassen.
Das war meistens entspannt und mit keinerlei Leis-
tungsdruck behaftet. Ganz anders war es, wenn das
Spiel unter der strengen Aufsicht eines Lehrers statt-
fand und am Ende der Benotung dienen sollte.
Dann kam es darauf an, dass sich die richtigen Spieler in einer Mannschaft zusammenfanden, damit
ein flüssiges, gutes Spiel möglich wurde, denn das
zählte. In meiner Jahrgangsstufe waren einige Jungen, die im Verein Fußball spielten. Darunter auch
echt gute Spieler, die als ambitionierte Amateure in
der Jugendmannschaft das Metier beherrschten.
Deren Spiel war filigran und anmutig zugleich, es
war stark zu erleben, wie sie den Ball annahmen,
den Gegner um- und ausspielten. Ballbeherrschung
war ihre Leidenschaft, sie präsentierten sie uns kon-

sequent und total überlegen, während der Rest sich beim Fußballspiel im Sportunterricht aufs Rennen und Abgeben des Balls an die besseren Spieler beschränken musste. Von solch einem Mitschüler beim Fußballspiel »getunnelt« und auf diese Weise düpiert zu werden, empfand ich als durch und durch beschämend. Und es konnte einem auch eine schlechte Note einbringen, weil das eigene Spiel natürlich dann einfach deutlich blasser wirkte. Deshalb war es so wichtig, in der richtigen Mannschaft mitzuspielen. Eben in derjenigen, bei der die besseren Spieler dabei waren. Und es galt unbedingt zu verhindern, gegen die wenigen fußballerischen Alleskönner antreten zu müssen. Spötter bezeichneten unsere Schule – ein reines Bubengymnasium – zuweilen als »Testosteron-Tempel«. In diesem Rahmen waren die Halbgötter des Fußballs mit einer ungeheuer großen, natürlichen Autorität ausgestattet.

Die Aufteilung der Mannschaften erfolgte nicht per Los und wurde auch nicht durch den Lehrer bestimmt. Stattdessen suchten sich die beiden besten Spieler als Mannschaftskapitäne ihr Team aus. Die Mehrzahl von uns saß in Turnhosen am Boden, die zwei Kapitäne standen, zeigten abwechselnd auf jemanden und sagten dabei dessen Namen. »Jaaa!«, sagte mein Nachbar erfreut, stand auf und stellte sich zu dem, der seinen Namen genannt hatte.

Zuerst wurden natürlich die stärksten und kompetentesten Spieler ausgewählt. Und je länger die Prozedur dauerte, umso schwächer wurde logischerweise auch das noch zur Verfügung stehende Spielerpotenzial. Diejenigen, die schon als Mannschaft zusammenstanden, berieten sich untereinander, wer das Team noch etwas verstärken könnte. Man tuschelte hinter vorgehaltener Hand oder sprach sein Urteil über mögliche Kandidaten auch mal laut aus: »Der is doch nix!« Dieser Prozess geriet für einige für uns, auch für mich, jedes Mal zum Kampf ums soziale Überleben, zum »struggle of life«. Als mittelmäßiger bis schwacher Fußballer gehörte ich leider oft zu den Letzten, die aufgerufen wurden. Irgendwann kam dann endlich der erlösende Moment. Ich durfte aufstehen und mich zu den anderen Spielern hinzugesellen.

Das eigentliche Spiel lag noch vor uns, aber unabhängig von den tatsächlichen sportlichen Leistungen war die Demütigung für manche, so auch für mich, schon perfekt. Dieses »Vorgeführtwerden« von Schulkameraden, die seltsame Wahl, in welche Kategorie von Spielern man hineinpasste oder eben nicht, bevor überhaupt sich eine unabhängige Instanz in Person eines Sportlehrers darüber ein Urteil gebildet hatte, habe ich als durch und durch demütigend empfunden – und immer noch in schlechter Erinnerung.

Dabei ging es gar nicht nur um Noten. Denn die waren mir ab einem bestimmten Punkt ohnehin egal. Der gute Ruf stand auf dem Spiel. Denn mit der Reihenfolge, in der man gewählt wurde, fiel auch die Entscheidung, welchen Status man innerhalb der Gemeinschaft hatte: Oben oder unten, vorne oder hinten – das wurde gewählt. Und das entschied auch, wie auf dem Sportplatz und im Klassenzimmer mit und über einen gesprochen wurde.

Mir hat es jedenfalls viel weniger ausgemacht, von einem Lehrer abgekanzelt und schlecht beurteilt zu werden, als von einem dieser Mitschüler, die bestimmten, wer von Anfang an zum Team dazugehörte und wer am Schluss noch irgendwie mitgenommen wurde. Es ist in der Schule der Job des Lehrers, eine Leistung zu bewerten, eine Note zu vergeben.

Das musste er tun, dafür wurde er bezahlt. Und der Lehrer hatte nicht nur das Recht, sondern auch die Pflicht, jemanden wie mich zu benoten. Der Mitschüler aber war für mich keiner, der entscheiden durfte, welchen Platz ich im sozialen Gefüge der Klasse bekam, bloß weil er besser Fußball spielte als ich.

Ein kleiner Trost blieb: Egal, ob Sportskanone oder nicht – mir war klar, dass wir in der nächsten Stunde in Englisch oder Französisch wieder nebeneinandersitzen. Vielleicht brauchte mein Sitznachbar dann auch wieder einmal meine Hilfe. In diesem Fall lag die Entscheidung bei mir – ob ich dazu gewillt war oder eben nicht.

An unseren Schulen herrscht heute nicht nur in sportlicher Hinsicht Leistungsstress. Das hat Folgen, viele leiden unter Versagensängsten. Und ich bin davon überzeugt, dass es nicht nur um Leistungen, sondern vor allem um den Teamgedanken gehen sollte. Denn den braucht es!

Wissensvermittlung soll Türen öffnen, befreien und beflügeln, nicht bedrängen. Sport soll Energien freisetzen, die Menschen stärken und nicht verkrampfen. Damals, als bei uns an der Schule von den besten Fußballspielern die Mannschaften zusammengestellt wurden, war das Gegenteil der Fall. Ich habe manche Zusammenhänge noch nicht wirklich verstanden. Aber mir kamen der Spaß und die Freude am Fußballspiel abhanden, die Unbeschwertheit, die ich früher dabei empfunden habe, wenn ich mit Freunden über den Bolzplatz rannte.

Wie war ich jedes Mal froh, wenn diese Schulveranstaltungen zu Ende waren!

Zu den Erlebnissen fällt mir auch ein Psalmwort ein: »Wohin ich auch gehe, überall umringen sie mich. Sie warten nur darauf, mich zu Fall zu bringen« (Ps 17,11).

Meine grundsätzliche Liebe zum Fußball konnten letztendlich auch die schlimmen Erlebnisse nicht zerstören. Und damals ist bei mir die Grundlage für etwas gelegt worden, was bis heute mein Leben und meinen Beruf bestimmt: Es ist mir wichtig, Menschen nicht zu beurteilen und über sie zu richten. Stattdessen will ich ihnen dienend zu Seite stehen, als ein »Helfer zum Leben«.

Anstatt in einen Fußballverein zu gehen, entschied ich mich damals für die Leichtathletik. Aber dann wurde mir klar, dass ich für viele Disziplinen nicht athletisch genug gebaut war. Und manchmal drückten mich auch im Leichtathletikverein der Ehrgeiz und der Fleiß der anderen Mitglieder in meinem Alter regelrecht an die Wand. Eine derart große Selbstdisziplin, die ohne Frage eine Voraussetzung für sportlichen Erfolg ist, hatte ich nicht. Zudem erinnerten mich die Trainer im Verein stark an unsere Sportlehrer am Gymnasium, was nicht von ungefähr kam, da viele von ihnen tatsächlich beides waren: Sportlehrer von Beruf und Trainer in der Freizeit. Bald wusste ich jedenfalls, dass ich so auf Dauer nicht glücklich werden würde. Es gefiel mir auch nicht, dass man in dieser sportlichen Disziplin meist Einzelkämpfer ist.

Die Einsamkeit, die ich bei einem 5000-Meter-Lauf empfand, während ich meine Runden drehte, konnte höllisch belastend sein, von der rein körperlichen Herausforderung mal ganz abgesehen. Ich sehnte mich in solchen Situationen nach einer Mannschaftssportart, bei der ich zusammen mit anderen Mitstreitern um den gemeinsamen Sieg ringen und kämpfen würde. Beispielsweise in einer Fußballmannschaft. Doch zu diesem Zeitpunkt war für mich der Zug, aus meinem Bolzplatzgekicke vielleicht doch mehr zu machen, bereits irgendwie abgefahren. Und der Schulsport hatte mir, wie gesagt, manches verleidet.

Nach einiger Überlegung verließ ich den Leichtathletikverein. Meine sportlichen Ambitionen verwirklichte ich beim Freizeitfußball, den ich bis in die Oberstufenzeit auf dem Gymnasium regelmäßig im Sommer im Münchner Hirschgarten pflegte – einem weitläufigen und für alle zugänglichen Freizeitpark mit Kinderkarussell, Biergarten, einem eingezäunten Reh- und Hirschgehege und vielen Spazierwegen. Längst stand nicht mehr der sportliche Erfolg im Mittelpunkt. Man kickte gemeinsam, hatte viel Spaß dabei und genoss nach dem Spiel die Einkehr im Biergarten.

*

Die außerordentlich schöne Atmosphäre bei der European Championship im Sommer 2022 in München haben mich wieder ein Stück weit mit der Leichtathletik versöhnt. Voller Ehrfurcht und Stolz habe ich die Leistungen und Erfolge der Athletinnen und Athleten bewundert und mehr als je zuvor nachempfinden können, welche Bedeutung ein Sieg nach den unglaublich intensiven Trainingsvorbereitungen hat. Ob bei der klassischen Leichtathletik oder beim modernen Freeclimbing, zogen mich die Sportlerinnen und Sportler mit ihrem leidenschaftlichen Engagement in ihren Bann. Der Funke der Begeisterung sprang bei den Wettbewerben nahtlos auf die Zuschauer über. Man freute sich miteinander, jubelte auch, als sich am Ende zwei Stabhochspringer, der Italiener Gianmarco Tamberi und der Katarer Mutaz Essa Barshim, die Goldmedaille teilten. Die beiden lagen sich in den Armen und feierten völlig erschöpft ihren gemeinsamen Sieg. Bei solchen Bildern bekomme ich Gänsehaut.

Alle zusammen sind bei einem Sportwettbewerb die Gewinner, wenn Fairness die Oberhand behält. Und ich habe meine Einschätzung geändert: Ja, auch Leichtathletik ist ein schöner Mannschaftssport, wenn sich die Teammitglieder wechselseitig unterstützen!

GEMEINSAM

»Ihr dürft sicher sein: Ich bin immer bei euch, bis das Ende dieser Welt gekommen ist.«
(Mt 28,20)

Dass wir mit dem TSV 1860 München und dem FC Bayern München gleich zwei tolle Fußballvereine in einer Stadt haben, empfinde ich als eine große Bereicherung. *Varietas delectat,* Verschiedenheit erfreut, so drückt es der Lateiner aus. Die Spannung zwischen den Blauen auf der einen und den Roten auf der anderen Seite sind ein belebendes Element. Niemals stand ich vor der Situation, mich für einen der beiden Clubs entscheiden zu müssen, und zwar aus zwei sehr einfachen Gründen, die da lauten: Prägung und Herkunft.

Die Lebenswelt, in der ich groß werden durfte – Laim, die Arbeitersiedlung im Münchner Westen –, war, wie schon erwähnt, mehrheitlich von Löwen-

Anhängern bevölkert. Es war ein Art ehernes Gesetz in unserer Siedlung, dass man selbstredend Anhänger des TSV 1860 ist, wenn man nicht sogar schon als solcher das Licht der Welt erblickt hatte.

Gemeinsam mit den vielen anderen waren wir Jungs aus der Siedlung »die Blauen«. Diese Erfahrung hat uns als Heranwachsenden Sicherheit und Bestätigung gegeben, ein besonderes Gefühl der Zusammengehörigkeit geschenkt. Nichts konnte uns trennen oder gar auseinanderbringen!

Wir besaßen damals weder Schals noch Trikots in den Vereinsfarben, und wir haben auch in keiner weiß-blauen TSV-Bettwäsche geschlafen. Aber jedes Kind in der Straße war ein Fan des Vereins. Wir hatten das unbeschreibliche Glück, in einer nahezu heilen Welt aufwachsen zu können. Das Wort und der Begriff »Toleranz« wurde nicht buchstabiert oder definiert, man hat so gelebt. Der Respekt vor dem anderen, wie auch immer er oder sie auftrat, war wichtig. In diese grundsätzliche Voraussetzung jedweden gesellschaftlichen Zusammenseins hat man uns als Kinder und Jugendliche behutsam eingeführt.

Die Fußballbegeisterung hat mich gepackt und bis heute nicht mehr losgelassen. Die Musik aus den Stadionlautsprechern, die Gesänge der Fans, die Hymnen, die bei jedem Tor angestimmt werden, das spürbare Mitfiebern auf den Rängen, das Raunen in brenzligen Situationen, der Beifall bei gekonnten Spielzügen – dieses unglaubliche Wir-Gefühl. Die Gemeinschaft, die ich gleich bei meinem ersten Stadionbesuch empfand, war entscheidend. Wenn ich heute die Stange fürs Einhängen vom ewigen Licht in der Kirche in der Hand habe, denke ich immer mal wieder an den Taferlmann, der damals mit seinem Stangerl die Ziffern für die Tore aufgehängt hat.

Dass die Menschen, die in den Häusern an der Grünwalder Straße gegenüber dem Stadion wohnen, keinen Eintritt bezahlen mussten, sondern nur das Fenster aufmachen brauchten, um all dem beizuwohnen, hat mich damals unglaublich fasziniert. Mir vorzustellen, dass auch ich einmal einen dieser einzigartigen Fensterplätze einnehmen und das Fußballspiel auf dem Rasen verfolgen könnte, fand ich umwerfend gut. Gibt es mehr Glück auf dieser Welt?

Vielleicht hätte es mir in jedem anderen Stadion auch so ergehen können wie auf Giesings Höhen. Aber es war an diesem Tag entschieden, wo ich fortan hingehörte. Durch und durch erfasst von einem großartigen Gefühl der Zugehörigkeit, war klar, dass es keinen anderen Fußballverein in meinem Leben geben würde – mögen andere noch so erfolgreich sein und ganz gleich, in welcher Liga »meine Löwen« gerade spielen.

Gerne denke ich in diesem Zusammenhang an ein Statement des früheren österreichischen Bundeskanzlers Alfred Gusenbauer (2007/2008), der einmal, als er in einer Talkrunde gefragt wurde, was für ihn eine besondere, lebenslange Bedeutung habe, nicht nur seine Partei und die katholische Kirche nannte, sondern auch den Fußballverein Rapid Wien. Solch eine innere Bindung ist wichtig.

In eine Konfession wird man gewöhnlich hineingeboren. Die Eltern bitten um die Taufe für ihr Kind. Für sie gilt die Zusage: »Ihr dürft sicher sein: Ich bin immer bei euch, bis das Ende dieser Welt gekommen ist« (Mt 28,20). Dies sagt Jesus Christus seinen Jüngern.

Zeichenhaft wird man bei der Taufe mit Chrisamöl gesalbt. Denn man soll nach Christus duften. Intensiv und mitreißend verbreitet sich der Duft des mit Rosenöl vermischten Olivenöls im Raum. Damals wusste ich natürlich noch überhaupt nichts vom Glauben, der Kirche, Konfessionslehre, Chrisamöl und Taufkatechese, aber dass mir da etwas gehörig unter die Haut gegangen ist, habe ich mit jeder Pore gespürt! Mit meiner Taufe wurde ich katholisch.

Für mich als taufender Priester ist es immer wieder ein sehr bewegender Moment, wenn die Eltern vor mir ihre Taufbitte klar und deutlich aussprechen.

Moderne Fußballstadien wie »Auf Schalke« in Gelsenkirchen besitzen oft eine eigene Kapelle. Die Fans des 1. FC Köln treffen sich jedes Jahr vor Beginn des ersten Ligaspiels im Kölner Dom zum gemeinsamen Beten und Singen. Etliche Bundesligavereine – auch die Münchner Löwen – laden im Advent die Fans zum gemeinsamen Singen ins Stadion ein. Hier wird religiöse Bindung und Vereinszugehörigkeit zusammengebracht, ohne dass das eine das andere ersetzen soll. Dass treue Fans in der Stadionkapelle heiraten möchten oder zum

Weihnachtsliedersingen auch mal ins Stadion statt in die Kirche gehen, finde ich gut! Christus hat uns verheißen, dass er immer bei uns ist, alle Tage bis ans Ende der Welt. Er hat nicht gesagt, dass wir ihn nur in unseren Kirchen finden können.

*

Von 2011 bis 2020 habe ich als Priester auch die Pfarrei Heilig Geist am Viktualienmarkt betreut. In dieser Zeit wurde der FC Bayern München mit schöner Regelmäßigkeit Deutscher Meister. Nahezu jedes Jahr fand am Pfingstsonntag nachmittags die große Meisterfeier auf dem Münchner Marienplatz statt. Die Mannschaft und alle Verantwortlichen zeigten sich dann mit dem gewonnenen Pokal auf dem Rathausbalkon den Tausenden von Fans in ihren roten Trikots, die unzählige Fahnen schwangen und begeistert ihrem Team zujubelten.

Ebenfalls am Pfingstsonntag feierten wir das Patrozinium, sozusagen den Namenstag der Kirche und der Pfarrei. Die liturgische Farbe ist an diesem Tag immer Rot. Sie steht symbolisch für die Flamme des Heiligen Geistes, die am Pfingsttag in Feuerzungen auf die Jünger herabkam. Da sich immer schon sehr früh morgens einige FC-Bayern-Fans in freudiger Erwartung und gut gelaunt in ihren roten Vereinstrikots auf dem Viktualienmarkt aufhielten und langsam gen Marienplatz schlenderten, kam es mitunter zu sehr lustigen Begegnungen, wenn zu Beginn unseres Gottesdienstes der gesamte Altardienst zum Haupteingang der Kirche zog. Denn auch die Messdienerinnen und Messdiener und ich waren an diesem Tag in Rot gewandet. Mancher Fan grüßte etwas irritiert zu uns herüber. Manche dachten vermutlich, dass auch die Kirche ihren erfolgreichen Verein feiern will.

Vorsichtshalber wies ich – sehr zur Erheiterung des Kirchenvolkes – zu Beginn der Messe ausdrücklich darauf hin, dass unsere liturgische Farbe Rot nicht der Meisterfeier des FC Bayern geschuldet ist. Bei den Fürbitten reckte ich zudem einen blauen Löwen-Schal in die Höhe und rief den Menschen in der bis auf den letzten Platz gefüllten Kirche zu: »Es gibt auch Bitten, die keine Worte brauchen!« Die Gläubigen antworteten, oft mit einem Lachen: »Wir bitten dich, erhöre uns!«

Ein rot gewandeter Pfarrer, der sich als »Blauer« zu erkennen gibt. Eine volle Kirche, Menschen, die für die Münchner Löwen beten, darunter auch Bayern-Fans, erkennbar an ihren Trikots. Wenn das kein Fundament für eine tragfähige Fanfreundschaft ist!

FUßBALL-LITURGIE

>*Wisst ihr nicht, dass die Läufer im Stadion*
zwar alle laufen, aber dass nur einer den
Siegespreis gewinnt?
Lauft so, dass ihr ihn gewinnt!
Jeder Wettkämpfer lebt aber völlig enthaltsam;
jene tun dies, um einen vergänglichen,
wir aber, um einen unvergänglichen Siegeskranz
zu gewinnen.« (1 Kor 9,24)

Nur die wenigsten werden den heiligen Apostel
Paulus, ohne den es vermutlich kein Christentum
gäbe, mit dem Thema Sport in Verbindung bringen.
Dabei war dieser umtriebige Missionar durchaus
ein sehr sportbegeisterter Mensch, denn er konnte
sich dieser Lebenslust gar nicht entziehen. Er schrieb
auch den Brief an die Gemeinde in Korinth, aus dem
das obige Zitat stammt. Die »Korinthischen Spiele«
waren damals in aller Munde. Diese Wettkämpfe

wurden auch die »Isthmischen Spiele« genannt, benannt nach dem Isthmos von Korinth, wo sie zu Ehren des Poseidon ab 580 v. Chr. gefeiert wurden. Es gab in der Stadt ein Hippodrom für Wagen- und Pferderennen, ein Stadion für den Wettlauf, ein bedeutendes Theater für die musischen, poetischen und rhetorischen Wettkämpfe. Dazu ein sogenanntes Kraneion, ein ansehnliches Gymnasion für Leichtathletikdisziplinen wie Ring- und Faustkampf und die Gymnastik, unser heutiges Bodenturnen. Diese Leichtathletikwettbewerbe, die alle zwei Jahre stattfanden, hatten einen hohen Stellenwert und waren bedeutender als die Olympischen Spiele, die es damals auch schon gab. Fußball war noch nicht dabei, und als Siegestrophäe gab es auch keine Pokale, sondern Holunder- und Kiefernzweige, aus denen Siegerkränze gewunden wurden, dazu auch Palmzweige. Die Gewinner wurden öffentlich belobigt und geehrt.

Paulus investierte bewusst sehr viel Kraft und Zeit in die Gründung und Betreuung der christlichen Gemeinde in der Hafenstadt Korinth, denn hier kamen zu den Spielen besonders viele Menschen zusammen. Deshalb gab es gerade an diesem Ort sehr gute Möglichkeiten, die Botschaft des Evangeliums von Jesus Christus weiter zu verbreiten.

Vor allem in seinem ersten Brief an die Christen in Korinth fordert Paulus von der Gemeinde einen unermüdlichen Einsatz für die christliche Botschaft. Dabei nutzt er das eindrücklich Bild der Sportler, die bei den »Isthmischen Spielen« antreten: »Schaut, wie sie laufen, wie sie sich anstrengen! Dabei tun sie das doch nur für einen vergänglichen Siegespreis«, schreibt er der Gemeinde ins Stammbuch. Und weiter: »Sie kämpfen unermüdlich, trainieren und leben so diszipliniert und enthaltsam. Wie sehr müssen wir Christen uns da doch bemühen, ist uns doch ein ewiger, unvergänglicher Lohn verheißen, nämlich die Auferstehung aus dem Tod!«

Paulus war ein sehr fortschrittlich lebender Mensch. Allein die Tatsache, dass er die christliche Botschaft, die bis dahin nur mündlich weitererzählt wurde, aufschrieb, Briefe verfasste und auf diese Weise mit christlichen Gemeinden in Verbindung blieb, macht ihn zum wichtigen Vordenker und Entwickler des Glaubens. Ohne Weiteres würde Paulus sich heute

vermutlich der modernen sozialen Medien bedie-
nen, hätte Followerinnen und Follower auf *Insta-
gram, Facebook* und *TikTok,* würde per *WhatsApp*
mit seinen Gemeindeleitern Andreas, Barnabas und
Lukas Nachrichten teilen.

So ganz nebenbei erfand Paulus wohl auch die
Sportwerbung. Sich mit voller Begeisterung sportlich zu engagieren, dafür wirbt er mit seinen sprach-
lichen Bildern im Korintherbrief und kommt damit
bei den Menschen an. So schwierig die Verhältnisse
in Korinth auch sind – Paulus hatte immer wieder
Konflikte und Probleme zu lösen –, gewinnt die
Stadt zunehmend Bedeutung für die wachsende
Christenheit.

Damals gab es keinerlei Scheu, den Sport und den
Glauben miteinander in einer engen Verbindung zu
sehen. Wieso also nicht die christliche Gottes-
dienst-Liturgie mit dem vergleichen, was man bei
einem Fußballspiel erleben kann? Sie werden er-
staunt sein, wie viele Gemeinsamkeiten es zu entdecken gibt! Und man muss nicht begründen, wer
jetzt was erfunden hat und deswegen das Recht
dazu hat, es als »sein Eigen« bezeichnen zu können.

Man denke nur an die gemeinsamen Gesänge im Stadion! Dieses Gefühl der Zusammengehörigkeit kannte ich bis zu meinem ersten Stadionbesuch als junger Mensch nur aus der Kirche, wenn die ganze Gottesdienstgemeinde laut und deutlich ihre Loblieder sang. Jetzt erlebte ich etwas Ähnliches beim Fußball. Beides hat seinen Platz und seine Berechtigung in meinem Kinderherzen gefunden.

Und ich wünsche mir, dass möglichst viele Menschen, gerade auch die Kinder, in unseren Kirchen einmal eine solche Begeisterung erleben. Ein festlicher Ostergottesdienst mit seinen fröhlichen Liedern, die die Auferstehung Jesu besingen, eine feierliche Messe mit Musik, die den ganzen Kirchenraum zu einem einzigen Klangkörper macht, oder unsere wunderschönen Gottesdienste in der Weihnachtszeit, die alle Sinne miteinander verbinden: Sehen – Hören – Riechen. Es gibt diese Feiern, weil wir sie als Mensch brauchen. Wir feiern Gottesdienst, weil es uns bis tief in die Seele hinein erfüllt.

»Einmal Löwe, immer Löwe« –
mit Fanschal in der Kirche St. Maximilian

Meistens haben Riten und Rituale ihren Ursprung im normalen Alltag der Menschen, werden übernommen und auf andere Ereignisse übertragen. Und wenn Fußballspiele und andere sportliche Ereignisse teilweise Züge von religiösen Feierlichkeiten haben, zeigt dies, dass gute Entwicklungen gerne aufgegriffen werden. Es ist ein Ausdruck besonderer Wertschätzung, dass man sich liturgischer Elemente bedient und sich diese zunutze macht, um etwas Schönes zu feiern. Kurzum: Ein Blick auf die »Fußballliturgie« lohnt. Und umgekehrt sind viele choreografische Elemente, wie wir sie von Sportevents und aus Fußballstadien kennen, auch Anregungen für christliche Großveranstaltungen wie Katholikentage, Weltjugendtage oder die Evangelischen Kirchentage gewesen.

Unter feierlichen, mitreißenden und triumphalen Klängen ziehen zu Beginn eines Fußballspiels die Sportler und Schiedsrichter ins Stadion ein. Sie laufen nicht einfach so auf den Platz wie zuvor beim obligatorischen Aufwärmen. Einem Triumphzug gleich, schön geordnet in der Hierarchie, angeführt von den Mannschaftskapitänen und den Schiedsrichtern, die jeweils einen Ball in ihren Händen tragen, betritt man den Rasen. Manche Spielerinnen und Spieler zeigen auch ihre Glaubensüberzeugung, wenn sie in solchen Situationen kurz den Boden mit der Hand berühren und sich bekreuzigen. Ein für alle sichtbares und doch in diesem Moment sehr privates Zeichen.

Der Einzug der Sportler bzw. Spieler in ein Stadion erinnert mich an die Eröffnung eines katholischen Gottesdienstes. Nachdem ich bereits als Jugendlicher in unserer Pfarrkirche in Laim regelmäßig den Ministrantendienst verrichten durfte, fiel mir diese Übereinstimmung bei meinem ersten Stadionbesuch sofort auf. Zwar liefen die Spieler auf dem Heiligen Rasen von Obergiesing nicht in solch wehenden Gewändern auf, wie wir sie als Messdiener am Altar trugen, sondern in ihren Trikots, aber es hatte auch etwas sehr Feierliches. Wie ich schon an anderer Stelle schrieb: Allein dass man derart begeistert empfangen wird, bevor man etwas abgeliefert hat, ist schon bemerkenswert.

Wie im Gottesdienst ist es ein geordneter Zug, der da die Fläche betritt. Jede Spielerin, jeder Spieler kennt seinen Platz. Zur Prozession stellen sich alle in den sogenannten Katakomben des Stadions auf und warten auf ein akustisches Signal. Beim Einzug ertönen Fanfarenklänge und natürlich der Jubel der Fans. Bei internationalen Fußballturnieren werden zu Beginn die Nationalhymnen der Länder, die gegeneinander antreten, gespielt.

In der Kirche erklingt das Gloria, das Lied zum Lobe Gottes; im Stadion ist es die Verneigung vor dem Heimatland, in dessen Namen und Auftrag die Sportler gekommen sind.

Den neuen Brauch, dass Fußballspieler immer öfter beim Einzug ins Stadion von Balljungen und Ballmädchen begleitet werden, finde ich wunderbar. Ein schönes Symbol dafür, dass die Großen die Jüngsten heranführen. Vielleicht werden einige der Kinder irgendwann selbst einmal als die Stars ins Stadion einziehen. Die Großen wollen ihnen gute Vorbilder sein. Schon deswegen ist dieses Zeichen so anrührend. Mit der Aufstellung der Sportler inmitten des Spielfeldes, dem gegenseitigen Begrüßen, Wimpeltausch und dem Versprechen, miteinander ein anständiges Spiel bestreiten zu wollen, ist der feierliche Einzug abgeschlossen.

Zu Beginn der heiligen Messe in der Kirche ist es der Priester mit dem gesamten Altardienst, der in die Kirche einzieht. Die Klänge der Orgel und das Singen der Menschen begleiten sie. Die Aufstellung ist geordnet, in diesem Falle umgekehrt, denn der Pfarrer geht ganz hinten in der Reihe der Menschen, die vom Eingang her kommen. Das Messgewand des Priesters nennt man übrigens *Kasel,* das ist das lateinischen Wort für »Häuschen«. Der Priester schlüpft in dieses Häuschen hinein, als Zeichen dafür, dass er jetzt ganz und gar für Christus selbst seine Aufgaben erfüllt.

Der Fußballspieler spielt für den Verein, dessen Trikot er trägt. Und wie die Kasel verschiedene Farben hat, je nachdem, ob Weihnachten, Ostern oder ein »ganz normaler Sonntag« gefeiert wird, so gibt es auch die Trikots in vielen verschiedenen Designs: ein Auswärts- und ein Heimtrikot, das »der Blauen«, das »der Roten« und vieles mehr. Während des Oktoberfestes tragen die beiden Münchner Vereine sogar ein »Wiesntrikot«. Alle wollen sich im besten Gewand präsentieren!

An ihren Kleidern sollt ihr sie erkennen; für wen oder für was sich jemand einsetzt. Oder eben für welchen Verein sich das Team auf dem Rasen abmüht. Trikots haben eine Signalwirkung für die Zuschauer und dienen ganz praktisch dazu, dass die Spieler gegenseitig im Bruchteil eines Augenblicks unterscheiden können, ob sie den Ball an einen Mitspieler abgeben können oder es gilt, ihn vor dem Gegner zu verteidigen.

*

Auch die Schiedsrichter auf dem Fußballplatz haben durchaus eine Art kultische Funktion. Sie sind sozusagen die Zeremonienmeister des ganzen Geschehens, führen die Truppe aufs Feld, losen mit den Kapitänen die Spielseiten aus, regeln den Ablauf vom Anpfiff bis zum Abpfiff. Und sie klären strittige Verfahrensfragen, wenn nötig, mit Videobeweis. Wenn jemand einen Spieler der gegnerischen Mannschaft gefoult hat, zeigen die Schiedsrichter auch einmal die Gelbe Karte oder auf den Elfmeterpunkt. Wenn es darum geht, eine Position für einen Strafstoß genau zu bestimmen oder wenn mehrere Spieler eine »Mauer« vor dem eigenen Tor bilden, um den Ball abzuwehren, ziehen Schiedsrichter mit weißem

Spray eine Linie und regeln auch sonst alles Notwendige, damit es ordentlich läuft. Gute Schiedsrichter halten Kontakt mit den Spielern, ermahnen zur Fairness, zeigen Einzelnen durchaus auch einmal Grenzen auf oder verweisen sie, wenn es zu mehreren Verstößen gegen die Regeln kommt, mit der Roten Karte vom Feld! Wer sich fragt, woher das geflügelte böse (und sehr vulgäre) Wort von der »Arschkarte«, die man zieht, kommt, kann nun einen Zusammenhang herstellen.

»Wer oft ermahnt wird und trotzdem eigensinnig bleibt, der nimmt plötzlich ein schreckliches Ende – ohne jede Hoffnung auf Rettung«, heißt es schon im Buch der Sprüche im Alten Testament (Sprüche 29,1).

Jede Mannschaft, die auf diese Weise einen Spieler verliert, weiß, wie sehr so etwas den weiteren Spielverlauf beeinflusst. Es wird schwer, sich dann noch gegen den zahlenmäßig überlegeneren Gegner (10 zu 11) zu behaupten. Deshalb ist die Rote Karte gefürchtet.

Das Ziehen der Karten aus der Gesäßtasche des Schiedsrichters, das demonstrative Zeigen und

Hochhalten von Gelb oder Rot hat dabei durchaus auf den zweiten Blick auch etwas Liturgisches an sich. Und wenn der Spieler, der die Rote Karte bekommen hat, anschließend mit hängendem Kopf vom Platz geht und sich auf die Bank am Spielfeldrand setzt, ist es der Abgang des Sünders, der jetzt Buße tun muss. Auch ein Bild, das in biblischen Zusammenhängen wohlvertraut ist. Dass mancher Spieler oder der Mannschaftstrainer angesichts dessen vor lauter Ärger über die Entscheidung Trinkflaschen durch die Gegend schleudert oder wie einst Jürgen Klinsmann gegen unschuldige Werbetonnen drischt, hilft vielleicht, die Enttäuschung und die Wut etwas zu kompensieren. Aber es bleibt, wie es ist. Das Urteil ist gesprochen, der Sünder muss seine Strafe antreten und darf bereuen, was er getan hat. Denn unschuldig wird man selten vom Platz gestellt.

Mich beeindruckt es, wenn sich die versammelten Christen gleich zu Beginn der heiligen Messe hinstellen und um Vergebung bitten. Denn schuldig machen wir uns irgendwie fast alle, und das an fast jedem Tag. Oft, weil wir mit unseren Mitmenschen schlecht umgehen, ihre Würde missachten, unseren eigenen Vorteil suchen und andere auf die eine oder andere Art über den Tisch ziehen. Mit der Roten Karte hat der Bußakt Eingang in die Fußballliturgie gefunden. Auch das Hochhalten von wichtigen Gegenständen – Pokalen, anderen Trophäen, Fahnen, Gelben und Roten Karten – ist hier wie dort präsent: im Stadion und in der Kirche.

Bei feierlichen Gottesdiensten tragen Christen das Evangeliar, ein großes Buch, in dem alle Evangelien abgedruckt sind, in die Kirche hinein. Der Diakon hebt das Buch in die Höhe, bevor er daraus liest – und zeigt das Evangeliar allen Menschen auch noch einmal am Ende seine Vortrags. Sichtbar für jeden erhebt der Priester in der heiligen Messe den Kelch. Die ganze Gemeinde hält in diesem Moment inne, eine Glocke ertönt, und man gedenkt voller Ernst und Dankbarkeit des Todes Jesu. Bei Fronleichnamsprozessionen wird die Monstranz den Menschen gezeigt. Zeichen und Bilder des Glaubens. Was uns wichtig ist, halten wir in die Höhe.

*

Zurück auf den Heiligen Rasen: In Unterzahl zu spielen muss natürlich nicht bedeuten, dass man deswegen automatisch verliert. Wenn aber in einer solchen Situation ein Tor fällt, sind der Jubel und der Stolz des Torschützen, seiner Mitspieler, der Trainer und der Zuschauer wohl noch größer. Eine Torhymne erklingt im Stadion zu Ehren der Gewinner.

Ich schwenke zur Bibel, dort heißt es: »Er hat mir Kraft gegeben und mich froh gemacht; nun kann ich wieder singen. Er hat mir den Sieg geschenkt« (Ps 118,14). So dichtet der Psalmist vor über 2000 Jahren – zwei Verse, die auch in die Situation auf dem Sportplatz passen!

Wie turbulent das Spiel auch war, nach dem Abpfiff durch den Zeremonienmeister, den Schiedsrichter, beruhigen sich die Gemüter langsam. Man geht aufeinander zu, nimmt sich in den Arm, tauscht vielleicht sein Trikot.

Der Handgruß, ein Zeichen des Friedens, ist auch fester Bestandteil der kirchlichen Liturgie.

»Wenn du deine Opfergabe zum Altar bringst und dir dabei einfällt, dass dein Bruder etwas gegen dich hat, so lass deine Gabe dort vor dem Altar liegen; geh und versöhne dich zuerst mit deinem Bruder, dann komm und opfere deine Gabe!«, fordert Jesus seine Jünger auf (Mt 5,23–24). Deshalb geben sich die Gläubigen im Gottesdienst, bevor sie miteinander Eucharistie, das heilige Mahl, feiern, untereinander ein Friedenszeichen.

Unversöhnt geht man auch nicht vom Spielfeld, egal wie hart man miteinander 90 Minuten (oder auch noch in der Verlängerung) um den Sieg gekämpft hat. Die wunderbare Geste, einander die Hand zu geben, sich zu umarmen, drückt dies aus. Dieser schöne Moment am Ende eines Spieles zeigt, was Fußball auch sein kann: ein Friedensprojekt. Leider verstehen nicht alle Fans auf den Rängen und zu Hause an den Bildschirmen diese Zeichen.

Unter festlichen Klängen verabschieden sich anschließend die Spieler vom Publikum, gehen dazu auch noch einmal zur Fankurve, grüßen die Fans, die sie angefeuert haben, verneigen sich vor ihnen. Viele tanzen vor Freude, andere liegen sich in den Armen. Die Spieler recken den Pokal in die Höhe, den sie gerade als Trophäe überreicht bekommen haben, Konfetti wirbelt durch die Luft und auf sie herab. Alle jubeln miteinander. Herrliche Bilder der Freude und des Ausgelassenseins. Dann verlassen die Spieler die Arena.

Für *meschugge,* also herrlich verrückt, hielt Michal, die Tochter Sauls im Alten Testament, den König David, als dieser die von den Philistern geraubte Bundeslade zurück nach Jerusalem brachte und ausgelassen vor ihr hertanzte. Gottesdienstbesucher empfangen den feierlichen Schlusssegen, machen eine Kniebeuge, bekreuzigen sich, berühren das Weihwasser als Erinnerung an ihre Taufe. Dann verlassen sie die Kirche. Auch Abschiedsrituale sind wichtig, um sich auf das Wesentliche zu besinnen.

Die Gemeinsamkeiten zwischen den Ritualen und Bräuchen sind auffallend und verblüffend. Für mich als Kirchenmann sind solche Vergleiche nicht despektierlich. Natürlich ist die Zusammenkunft von Gläubigen in einem Gottesdienst etwas ganz anderes als ein Fußballspiel. Und ein Gottesdienst hat für mich selbstverständlich eine viel größere Bedeutung als ein sportliches Kräftemessen. Aber es macht mir Freude, das eine oder andere hier wie dort zu entdecken.

WELTMEISTERSCHAFT – FUSSBALL IM XXL-FORMAT

»Sei stark und kämpfe für die Wahrheit; regiere dein Volk umsichtig und gerecht! Deine kühnen Taten sollen dir zum Sieg verhelfen.« (Ps 45,5)

Antonie Beckenbauer, die Mutter des Fußball-»Kaisers« Franz Beckenbauer, hat vor vielen Jahren einmal ein kurzes Interview gegeben. Ihr Sohn war damals bereits eine Berühmtheit auf der ganzen Welt, gefühlt kannte ihn in Deutschland jeder. Als aktiver Fußballer hatte er von 1964 bis 1983 (überwiegend für den FC Bayern München) spielerische Eleganz und Treffsicherheit bewiesen, als Mannschaftskapitän das deutsche Team zu vielen Erfolgen geführt und später auch Funktionärs- und Managementqualitäten bewiesen. Er war einer von bislang drei Fußballern, die sowohl als Spieler als auch als Trainer den Weltmeister-Titel erreicht haben. Seine

Franz Beckenbauer (li.) gegen Theo de Jong (Niederlande) anlässlich der Neuauflage des WM Finales 1974 im Jahr 1984

größten sportlichen Erfolge konnte er als deutscher Mannschaftskapitän bei der Weltmeisterschaft 1974 und als Teamchef bei der WM 1990 feiern. Auch dafür hatte man ihm den Titel »Kaiser« verliehen. Bestimmte Fußballgrößen kennt man in meiner Generation: Menschen wie den Brasilianer Pelé, Paul Breitner oder eben den »Kaiser«.

Seine Mutter ist trotz aller Erfolge ihres Sohnes bescheiden geblieben. Sie erzählte in einem Interview, dass der Fußball von Anfang an das »Ein und Alles« für ihren Sohn gewesen sei und freute sich mit ihm über seinen Erfolg. Nach dem Tod seiner Mutter im Januar 2006 stellte Franz Beckenbauer traurig fest, dass ihr größter Wunsch nicht in Erfüllung gegangen sei, weil sie so gerne die Weltmeisterschaft 2006 in unserem Land noch miterlebt hätte.

Diese Weltmeisterschaft ist dann ein echtes deutsches Sommermärchen geworden, und die große Figur, die diese Spiele verkörperte, war eben der »Kaiser« – Franz. Bei jedem Spiel war er persönlich anwesend und hat auf diese Weise noch einmal unterstrichen, wie wichtig ihm diese Meisterschaft ist.

Bereits fast 14 Jahre vorher hatte das Präsidium des Deutschen Fußballbundes (DFB) das erste Mal über eine mögliche Bewerbung gesprochen und dann damit begonnen, intensiv um Unterstützung im eigenen Land und bei befreundeten Verbänden zu werben. Frank Beckenbauer agierte ab Ende des Jahres 1996 als WM-Botschafter, war ab 1998 Chef des deutschen Bewerbungskomitees und überreichte in dieser Funktion dem FIFA-Präsidenten Sepp Blatter auch die offizielle Absichtserklärung des Verbandes, die Weltmeisterschaft 2006 auszurichten. Bei der Abstimmung über den Austragungsort setzte sich Deutschland Anfang Juli 2000 dann gegen Brasilien, Marokko, England und Südafrika durch.

Vom 9. Juni bis 9. Juli 2006 fand die Fußball-Weltmeisterschaft (FIFA World Cup) das zweite Mal in Deutschland statt. Bereits beim Eröffnungsspiel gegen Costa Rica am 14. Juni überraschte die deutsche Mannschaft mit ihrer sehr offensiven Spielweise und dem hohen Tempo, mit dem die Teammitglieder den Ball vorantrieben. Mit 4:2 Treffern endete die Partie nach Verlängerung. Fünf Tage später folgte ein Spiel gegen Polen, das das deutsche Team ebenfalls 1:0 für sich entscheiden konnte. Das entscheidende Tor fiel auch dieses Mal, wie bei dem

Tausende verfolgen am 30. Juni 2006 auf der Fanmeile am Brandenburger Tor
in Berlin das Spiel Deutschland gegen Argentinien

vorangegangenen Match, erst in der Nachspielzeit. Bis zum Schlusspfiff fieberten die Zuschauer mit. Dabei hatte die deutsche Elf weitgehend die Partie dominiert und auch zu ihrer alten Abwehrstärke zurückgefunden. Mit einem Sieg gegen die Mannschaft von Ecuador konnte die DFB-Elf auch das letzte Gruppenspiel mit 3:0 Treffern für sich entscheiden.

Beim Public Viewing auf den Marktplätzen vieler Städte überschlugen sich die Emotionen.

Autokorsos feierten lautstark den Erfolg des deutschen Teams, das als Gruppensieger ins Achtelfinale der Weltmeisterschaft einzog und als Nächstes Schweden 2:0 besiegte.

Im Viertelfinale trafen acht Mannschaften aufeinander, von denen sieben im Vorfeld der WM als Favoriten gehandelt wurden: Argentinien, Brasilien, England, Frankreich, Italien, Portugal und die Ukraine.

Deutschland spielte am 30. Juni gegen Argentinien. Die erste Halbzeit ging vorüber, ohne dass ein Tor gefallen war. Dann ging Argentinien gleich zu Beginn der zweiten Halbzeit mit 1:0 in Führung. Erst in der 80. Minute konnte Miroslav Klose nach einer Flanke von Tim Borowski den Ball mit dem Kopf ins gegnerische Tor befördern.

In der Verlängerung, die zum Krimi wurde, parierte der deutsche Torhüter Jens Lehmann zwei Elfmeter und sicherte seinem Team damit den Einzug ins Halbfinale (4:2).

*

Franz Beckenbauer ist am 7. Januar 2024 im Alter von 78 Jahren verstorben. Er war mit Sicherheit die prägendste Person im deutschen Fußball der letzten Jahrzehnte, die FIFA hat ihn als Weltfußballer geehrt. Viele trauern um »den Kaiser« Franz, auch ich.

Am Freitag, den 12. Januar 2024 fand die private Trauerfeier auf dem Friedhof im Perlacher Forst statt. Eine Woche später gab es eine vom FC Bayern München organisierte Gedenkfeier in der Fußball-Arena in Fröttmaning (»Allianz-Arena«).

Auch UEFA-Präsident Aleksander Čeferin würdigte Franz Beckenbauer als einen der ganz Großen des Fußballs: »Seine unvergleichliche Vielseitigkeit, seine eleganten Übergänge zwischen Verteidigung und Mittelfeld, seine tadellose Ballkontrolle und sein visionärer Stil haben die Art und Weise, wie Fußball gespielt wurde, in seiner Ära neu geprägt.«

*

Mit dem WM-Titel ist es auf den letzten Metern dann leider doch nichts geworden, obwohl viele darauf gehofft hatten und die Nationalelf insgesamt eine hervorragende Leistung zeigte. Im Halbfinale ist Schluss. Deutschland verliert gegen die Mannschaft aus Italien, die *Squadra Azzurra,* mit 0:2. Um den Weltmeistertitel kämpfen im Finale im ausverkauften Berliner Stadion vor 65 000 Zuschauenden die Mannschaften aus Italien und Frankreich.

Frankreich unterliegt im Elfmeterschießen mit 3:5 den Italienern, die zum vierten Mal (nach 1934, 1938 und 1982) Fußball-Weltmeister werden. Das deutsche Team besiegt vier Tage später Portugal mit 3:1 Treffern und kommt damit insgesamt bei der WM auf Platz 3. Miroslav Klose, der während des Turniers insgesamt fünf Treffer für Deutschland erzielte, wird Torschützenkönig.

Nach dem 0:2 gegen Italien ist die Enttäuschung bei den deutschen Fans natürlich im ersten Moment groß. Aber Platz 3 ist auch ein Anlass zur Freude. Und die Italiener, die einen Tag nach dem deutschen Spiel gegen Portugal verdientermaßen Weltmeister wurden, haben einfach das gesamte Turnier über hervorragend gespielt. Das sehen eigentlich alle so, mit denen ich darüber spreche.

Vier Wochen lang herrscht während der WM eine ungemein positive, mitreißende und lebendige Stimmung im ganzen Land. Beim Public Viewing wird gemeinsam gefeiert und gejubelt. Zu jedem Spiel kommen Tausende auf öffentlichen Plätzen zusammen. In Anlehnung an Heinrich Heines Gedicht »Deutschland, ein Wintermärchen« wird die traumhafte Zeit später als »deutsches Sommermärchen« bezeichnet. Die Begeisterung spiegelt auch der gleichnamige Dokumentarfilm des Regisseurs Sönke Wortmann. Er zeigt die deutsche Nationalmannschaft bei der Vorbereitung auf die Weltmeisterschaft und während des Turniers. Und natürlich die tolle Stimmung im ganzen Land. Bei der Erstausstrahlung in der ARD sitzen am 6. Dezember 2006 rund elf Millionen Menschen vor dem Fernsehen.

Aus meiner Sicht war es im Rückblick auch die positive Ausstrahlung von Franz Beckenbauer, die sich auf ganz Fußballdeutschland übertragen hat.

Nach seiner Teilnahme als Spieler bei der WM 1974 und als Trainer 1990 wäre es für Franz Beckenbauer ganz sicher die absolute Krönung seiner Karriere gewesen, die WM 2006 als Turnierchef zu erleben und dieses Mal den deutschen Spielern den WM-Pokal selbst überreichen zu dürfen. Es sollte nicht sein.

*

Als im Vorfeld der Weltmeisterschaft, wie bei jedem großen Turnier, sogenannte Volunteers gesucht werden, die in allen möglichen Bereichen freiwillig und unbezahlt mithelfen wollen, wird mir klar, dass ich unbedingt dabei sein möchte. Die einmalige Chance, mit dem Welt-Fußball auf Tuchfühlung zu gehen, will ich nutzen. Da ich im Besitz eines gültigen Taxiführerscheins für München bin, melde ich mich für den Bereich *Transport und Verkehr* an. Einen ortskundigen Fahrer wird man sicher während der Spiele brauchen, so meine Vorstellung. Vielleicht gilt es den einen oder anderen FIFA-Funktionär ins Stadion zu bringen? Natürlich hoffe ich auch, ein paar der geplanten Spiele live miterleben zu können.

Nach einem Vorstellungsgespräch bekomme ich von der für die Planung der WM in Deutschland verantwortlichen Organisation die erfreuliche Nachricht, dass man meine Mithilfe sehr gerne in Anspruch nehmen möchte. Ich bin davon überzeugt, dass mein Taxischein und meine Ortskenntnisse den Ausschlag für die Zusage gegeben haben. Dabei bin ich, wie ich später erfahre, nicht nur der einzige Pfarrer im Fahrerteam, sondern außer mir besitzt auch niemand unter den insgesamt knapp 200 Fahrerinnen und Fahrern einen Taxischein. Vermutlich ist es der Pfarrberuf, der die Entscheidung für mich begünstigt hat. Die Verantwortlichen versprechen sich anscheinend zusätzliche mediale Aufmerksamkeit für die Weltmeisterschaft am Standort München. Und sie sollen recht behalten: Die vielen Berichterstattungen über »Hochwürden als Volunteer« erzielen genau die gewünschte Wirkung. Mit einem Augenzwinkern kommen die Spiele, der Fußball und ganz nebenbei auch Kirche und Glaube ins Gespräch.

Meine Aufgabe ist es, vor, während und auch noch ein paar Tage nach der WM die einzelnen Fahrten in München zu organisieren. Ich halte Kontakt zu den rund 200 Volunteers in meinem Bereich, kläre, wer wann welchen Dienst übernehmen kann, teile Fahrerinnen und Fahrer sowie die Pkw- und Kleinbus-Flotte, die zur Verfügung steht, möglichst vernünftig ein. Wichtig ist es dabei vor allem, den Überblick zu behalten, denn es gibt jede Menge zu tun und vieles muss gleichzeitig laufen. Natürlich kann ich mich, wenn die Organisation grundsätzlich gut läuft, auch einmal selbst mit einteilen. Das mache ich. Am begehrtesten sind im Team natürlich die Fahrten ins Stadion. Warum das so ist, erfahre ich selbst gleich am Eröffnungstag, an dem in München Deutschland gegen Costa Rica antritt.

*

Beim »Autokorso« vom Hotel Bayerischer Hof in der Innenstadt zum Stadion nach Fröttmaning mitzuwirken, ist etwas ganz Besonderes. Ich empfinde es als große Ehre, dass man mich gefragt hat, ob ich an diesem Tag eine von mehreren Limousinen, die

WM-Helfer 2006: Chef-Stewardess Cornelia Schmeing, Pfarrer Rainer M. Schießler und Werbekauffrau Katharina Bareth

in Kolonne fahren sollen, steuern möchte. In einem der Autos wird FIFA-Boss Sepp Blatter sitzen. Ihn begleitet ein ganzes Heer von sportbegeisterten Funktionären in dunklen Einheitsblazern. Menschen, die um die weltumspannende, mitreißende Kraft des Fußballs wissen – und es sich teilweise durchaus auch anmerken lassen, dass die Aufgabe an sich und sie selbst wichtig sind.

Zwei Stunden vor Spielbeginn treffen wir uns mit dem Fahrerteam in der Tiefgarage des Hotels Bayerischer Hof, wo der Fahrzeugtross zusammengestellt wird, und erfahren die Einzelheiten: wer wen bei der bevorstehenden Fahrt als Passagier im Fond seines Autos sitzen haben wird und welche Route geplant ist. Ein Polizist, der die Aktion leitet, gibt klare Anweisungen: »Wir fahren immer eng beisammen und bleiben niemals stehen. Das wäre viel zu gefährlich. Polizisten auf Motorrädern sichern zudem jede Kreuzung ab. Ampelsignale haben keine Bedeutung, wir fahren immer mit der gleichen Geschwindigkeit und immer in dieselbe Richtung, egal ob die Verkehrszeichen auf Grün, Gelb oder Rot stehen. Erst wenn wir den geschützten Bereich am Stadion erreicht haben, stoppt der Konvoi.«

Bald danach geht es dann auch wirklich los. Die Gäste kommen ebenfalls in die Tiefgarage, verteilen sich in kürzester Zeit nach einem vorher festgelegten Plan auf die bereitstehenden Wagen, Türen werden vom Begleitpersonal zügig geöffnet und geschlossen, dann fährt das Rollgitter am Eingang der Garage nach oben. Die Wagenkolonne setzt sich in Bewegung, mittendrin die Limousine des FIFA-

Chefs Sepp Blatter. Und wie wir losfahren! Mit hohem Tempo sausen wir durch die Stadt, missachten tatsächlich reihenweise rote Ampelsignale; manchmal blitzt es in Serie, auch weil wir uns natürlich nicht ans Tempolimit halten, das in der Stadt eigentlich für Autos gilt. Egal.

Polizeimotorräder eskortieren den Konvoi, sperren wie angekündigt unterwegs die Kreuzungen, damit wir freie Fahrt haben und ungebremst Richtung Stadion fahren können.

Mit Tempo 80 durch München zu sausen, am Ende mit Karacho in die Tiefgarage der Arena hineinzupreschen – das kommt mir irgendwie unrealistisch vor, eher so, als wäre ich beim Dreh für einen Hollywood-Actionfilm dabei. Voller Adrenalin und ziemlich stolz auf die coole Aktion parke ich den Wagen in der Garage und bemerke: Ja, jetzt sind wir tatsächlich mitten unter der Arena. Per Lift geht es nach oben. Mit einem leisen »Schhhhhh« setzt sich das Teil in Bewegung, dann öffnet sich die Metalltür, ich trete einen Schritt hinaus, das komplett mit fast 60 000 Fans besetzte Stadionrund liegt vor mir. Mit meiner Akkreditierungskarte und der blauen Volunteerkleidung darf ich mir jetzt einen

Stehplatz mit guter Sicht aufs Spielfeld aussuchen. Kurz darauf beginnt die Eröffnungsfeier. Traum oder Wirklichkeit?

Bereits in der 6. Minute erzielt Philipp Lahm das erste Tor für die Mannschaft von Bundestrainer Jürgen Klinsmann. Es ist eine Freude, zu beobachten, wie er auf der linken Seite unglaublich schnell bis in den gegnerischen Strafraum vordringt und seinen Angriff mit dem ersten Tor bei dieser WM abschließt. Scharf mit rechts geschossen, ist es einfach ein wahnsinnig toller Treffer! Als alle Zuschauer in frenetischen Jubel ausbrechen, weiß ich: Nein, das ist kein Traum. Das hier ist echte Fußballwirklichkeit!

Bald darauf kommt die Ernüchterung: Beim Ausgleich zum 1:1 durch Paulo Wanchope steht dieser nach einem gelungenen Pass seines Teamkollegen Mauricio Salis und krassen Abwehrfehlern frei vor dem deutschen Torhüter Jens Lehmann und verwandelt seinen Schuss eiskalt in einen Treffer. Kaum sechs Minuten sind zwischen den beiden Toren vergangen. Und es geht genauso stürmisch weiter. Miroslav Klose trifft in der 17. Minute – und dann noch ein zweites Mal, eine gute Viertelstunde nach dem Anpfiff der zweiten Halbzeit. Nun steht es 3:1

für das deutsche Team. Aber Costa Rica lässt sich den Schneid nicht abkaufen und Paulo Wanchope dem Torhüter der deutschen Nationalelf erneut keine Chance, als er aus kurzer Distanz den Ball ins Tor befördert. Im Anschluss wird diskutiert, ob Wanchope dabei im Abseits stand – der Schiedsrichter entscheidet sich dafür, dass Tor für gültig zu erklären. Nun heißt es aufpassen. Aber Torsten Frings verwandelt in der 87. Minute noch einen Ball in einen Treffer. Kurz vor dem Abpfiff steht es damit 4:2 – und dabei bleibt es. Ein toller Auftakt für eine Fußball-Weltmeisterschaft! Der Jubel der Zuschauer nimmt gefühlt kein Ende.

30 Jahre sind seit meinem ersten Stadionbesuch vergangen. Aber jetzt fühle ich mich wieder wie der kleine Junge aus Laim auf Giesings Höhen. Die gleiche, ungebrochene Faszination, ein absolutes Glücksgefühl. Die Welt trägt ein Turnier mit den besten Spielern aus, die sie aufbieten kann, und ich darf mit dabei sein. Ich genieße den Augenblick, die wunderbare Atmosphäre im Stadion mit vollen Zügen, atme sie regelrecht ein. Heute darf ich an etwas ganz Großem teilnehmen – und sage: Vergelt's Gott dafür.

Nach dem Spiel fahre ich ein paar Funktionäre zu einem offiziellen WM-Empfang und kehre dann zum Bayerischen Hof am Promenadenplatz zurück, wo die Einsatzzentrale und die Autos untergebracht sind. Unterwegs muss ich mich selbst ermahnen, langsamer zu fahren, weil ich nicht mehr im FIFA-Konvoi unterwegs bin und mich an die Verkehrsregeln zu halten habe. An das schnelle Fahren in der Stadt könnte man sich gewöhnen… Das geht aber natürlich nur, wenn die Straßen frei vom sonstigen Verkehr sind. Zumindest einmal habe ich dies jetzt erlebt.

Etliche Spiele habe ich in den vier Wochen, in denen das Turnier lief, live miterleben dürfen. Die Menschen, denen ich begegnet bin, haben aus dem ohnehin schon zauberhaften WM-Sommer 2006 für mich ganz persönlich ein unvergessliches Erlebnis gemacht. Meine Dankbarkeit, ein solches Sportfest in einer einzigartigen, offenen und herzlichen Atmosphäre erleben zu dürfen, ist groß. Es gab keine Zwischenfälle, nicht einmal einen Unfall mit den Wagen der Fahrbereitschaft. Auch das Wetter spielte mit: Vier Wochen lang Sommer pur. Eben ein

Sommermärchen. Ohne Zweifel ist das Eröffnungsspiel auch aus der Distanz vieler Jahre mein ganz persönlicher WM-Höhepunkt.

FUSSBALLGÖTTER
GANZ NAH

»Wie stark ist dein Arm, wie gewaltig deine Hand!
Du erhebst sie zum Zeichen deines Sieges!« (Ps 89,14)

Miroslav Klose ist bei der Weltmeisterschaft Torschützenkönig geworden. Philipp Lahm hat nach
einem furiosen Lauf das erste Tor beim Eröffnungsspiel geschossen. Torsten Frings erzielt nach einem
aufregenden Match in der 87. Minute einen Treffer,
der den Sieg des deutschen Teams besiegelt. So etwas vergisst man nicht. Es sind besondere, fast so
etwas wie heilige Momente. Ja, und manchmal sprechen Fans auch vom Heiligen Rasen. Nach einem
verlorenen Spiel heißt es: »Der Fußballgott war heute nicht auf unserer Seite.« Dabei steht fest, dass Gott
alle Menschen in gleicher Weise liebt. Daher kann
Gott bei der Frage, wer ein Fußballspiel gewinnt
oder verliert, nur neutral bleiben. Wenn ihm etwas

wichtig ist, dann eher, dass sich die Spielerinnen und
Spieler respektvoll begegnen und sportlicher Ehrgeiz nicht in Aggressivität gegeneinander um-
schlägt. Eine göttliche Bevorzugung eines bestimmten Vereins oder Spielers ist nach gesunder theologi-
scher Betrachtung jedenfalls nicht vorgesehen. Und
hervorragende Spieler als »Fußballgötter« zu bezeichnen, finde ich eigentlich auch etwas schräg.
Klar, aus der Distanz betrachtet mag einem mancher
als Lichtgestalt erscheinen. Aber es sind auch Menschen, wie du und ich. Eben Menschen, die sehr gute
Sportler sind. Fußballidole, die außergewöhnliche
Leistungen bringen und Erfolge erzielen.

Es macht mir Freude, solchen Ausnahmetalenten
persönlich zu begegnen, auch außerhalb von Fan-
treffen und Autogrammstunden. Und ich bin dankbar, dass mir mein Beruf als Pfarrer in dieser Hinsicht schon manche Türen geöffnet hat; dass ich
besonderen Menschen begegnen darf und dabei
sehr viel Positives erlebe.

Gerne denke ich an die kirchliche Trauung von
Philipp und Claudia Lahm im Juli 2010, wenige
Tage nach dem Ende der Weltmeisterschaft in Süd-
afrika.

Hochzeit von Claudia Schattenberg und Philipp Lahm

Völlig unvorbereitet hatte mich zu Beginn des Jahres ein Anruf und die Frage erreicht, ob ich bereit wäre, diese Hochzeit als Pfarrer mitzugestalten. Natürlich bin ich das: »Was für eine Frage! Es ist mir eine große Ehre!«, sage ich spontan. Aber ich lasse die Planer der bevorstehenden Trauung auch direkt wissen, dass ich Wert darauf lege, dass das Ganze einen guten Rahmen bekommt. Dazu gehört für mich auch, dass sich der mediale Rummel in Grenzen hält – und ja, da sind wir uns direkt einig.

Gleich bei der ersten Begegnung mit dem zukünftigen Brautpaar spüre ich, dass es gut werden wird. Man könnte denken, dass ein supererfolgreicher Fußballprofi wie Philipp Lahm vielleicht auch so etwas wie Starallüren hat. Mitnichten! Absolute Fehlanzeige! Vor mir sitzt ein junger, total bescheiden wirkender Mann mit seiner Verlobten; beide sind mir auf Anhieb sympathisch. In Ruhe sprechen wir darüber, wie sich die beiden die kirchliche Trauung vorstellen. Und schnell wird klar, dass es an diesem Tag vor allem um die Familien der beiden, die Verwandten und Freunde gehen soll. All die Menschen, die zu ihrem Leben gehören. Menschen, die fast alle nichts mit dem Profifußball zu tun haben.

Philipp Lahm spricht darüber, wie viel er seiner Familie und seinen Freunden zu verdanken hat. Dass er in einer gesunden, guten Atmosphäre erwachsen werden durfte, von Anfang an seinen Lieblingssport treiben konnte und dabei absolut ohne Zwang gefördert wurde. Dass er jetzt mit Claudia an seiner Seite noch mehr Glück geschenkt bekommen hat. Der Dank über all das soll die gemeinsame Feier prägen.

Am 4. Juli 2010 soll die Trauung in Kleinhelfendorf, in der Kirche St. Emmeram stattfinden. Weil Claudia Schattenberg katholisch, Philipp Lahm aber evangelisch ist, soll es ein sogenannter »konfessionsverbindender Wortgottesdienst« werden. Und das wird es. Einfach eine schöne Feier.

Im Kirchenraum sitzen nur geladene Gäste, die Presse bleibt komplett draußen. Nichts von dem, was innen geschieht, wird in Bild oder Ton festgehalten. Der Gottesdienst ist berührend und würdevoll, so wie es sich das Brautpaar gewünscht hat. Am Ende der Feier beglückwünsche und umarme ich die beiden und flüstere dabei Philipp Lahm zu: »Jetzt seid ihr wirkliche Weltmeister!« Mehr möchte ich an dieser Stelle über den Gottesdienst auch

nicht sagen. Denn der Wunsch, dass es »privat« zu-
gehen, eben keine öffentliche Veranstaltung mit viel
Blitzlichtgewitter und Medienrummel werden soll,
war und ist mir heilig. Immer wieder wurde ich später danach gefragt, ob ich denn bei der Hochzeit
über Fußball gepredigt habe. Wer die letzten Absät-
ze gelesen hat, merkt schnell, wie abwegig dies gewesen wäre!

*

In den folgenden Jahren hat Philipp Lahm gezeigt,
was in ihm steckt. Er war ja auch schon vorher auf
dem besten Weg, alles im Fußball zu erreichen, was
überhaupt möglich ist.

Als der FC Bayern München im Jahr 2013 sowohl
in der Champions League als auch in der Bundesliga
den ersten Platz erzielte und dann auch noch den
DFB-Pokal holte, war die Freude unbeschreiblich.
Der Triple-Sieg wurde ausgiebig gefeiert. Es war
das erfolgreichste Jahr der 120-jährigen Vereinsge-
schichte: Meisterschaft, Pokal und Königsklasse!
Ende August gewann der FC Bayern dann auch
noch den UEFA-Supercup.

Als die siegreiche Mannschaft des FC Bayern und ihre Trainer in einem offenen Autokorso auf der Ludwigsstraße unterwegs in Richtung Marienplatz waren, um sich auf dem Balkon des Münchner Rathauses den jubelnden Menschen zu zeigen, stand ich zufällig mit meinem Fahrrad am Straßenrand. Ich war auf dem Weg zu einem Termin, konnte die Straße wegen dem Korso nicht überqueren und blieb erst einmal stehen, um mir das Ganze anzuschauen.

In einem langsam fahrenden Cabrio mit offenem Verdeck kamen just in diesem Moment Philipp Lahm und zwei seiner Mitspieler vorbei. Die drei saßen auf dem oberen Rand der Rückenlehne und winkten freudig in die Menge. Auch ich winkte. Philipp Lahm erkannte mich, sprang ohne zu zögern flugs vom Wagen herunter, lief auf mich zu, grüßte mich ganz herzlich und sprang danach wieder ins Auto. »Nur kein Neid«, sagte ich zu den umstehenden Fans um mich herum, die mich mehr als verwundert anstarrten. »Es hat alles seine Bewandtnis und seine eigene Geschichte.« Natürlich habe ich mich über diese sehr schöne Geste, dass Philipp Lahm auf mich zukam, riesig gefreut!

Im Rahmen der WM-Qualifikation absolvierte Philipp Lahm im September 2013 sein 100. Länderspiel; bei jedem Spiel war er Teil der Startelf. Bundestrainer Joachim Löw holte ihn folgerichtig auch in den Kader für die Weltmeisterschaft. Von Juli 2011 bis September 2014 war er Kapitän der deutschen Nationalmannschaft. In dieser Funktion führte er das Team am 13. Juli 2014 ins Endspiel gegen die Mannschaft aus Argentinien und zum Sieg. Mit einem 1:0 in der Verlängerung wurde Deutschland zum vierten Mal Weltmeister. Fünf Tage später trat Philipp Lahm als Nationalspieler zurück.

Der frühere Bayern-München-Trainer Pep Guardiola sagte einmal, Philipp Lahm sei der intelligenteste Fußballer, den er jemals getroffen habe, und meinte damit die Fähigkeit, das Spiel und die einzelnen Abläufe innerhalb der Mannschaft regelrecht lesen zu können.

Heute ist Philipp Lahm der für die Europameisterschaft 2024 verantwortliche Turnierdirektor.

Unsere gemeinsame Geschichte hat sich fortgeschrieben. Ich durfte die beiden Kinder von Ehepaar Lahm taufen, bin immer wieder gerne Gast in seinem Heimatverein, dem TSV Gern in München-Neuhausen, komme zu Maibaumfeiern und Jubiläumsgottesdiensten. Für das Miteinander bin ich dankbar.

*

Auch den Sohn von Mats und Cathy Hummels habe ich getauft. Und es freut mich, dass sich immer wieder Fußballerinnen und Fußballer wie Nicole Anyomi und David Alaba, aber auch Trainer wie Jürgen Klopp ganz offen zum christlichen Glauben bekennen. Giovane Élber vom FC Bayern sagte einmal: »Ich glaube an Gott. Wenn viele Leute mit Liebe im Herzen glauben würden, dann hätten wir eine bessere Welt!« Für die Kirche sind erfolgreiche Sportlerinnen und Sportler ganz wichtige Botschafter und Zeugen des Glaubens. Durch ihre Popularität erreichen sie viele Menschen, die die Kirche nicht mehr erreicht. Ihr Engagement dient dem Sport, dem Fußball im Besonderen, der christlichen Verkündigung und dem Zusammenhalt in unserer Gesellschaft im Allgemeinen. Darum: Vergelt's Gott allen, die diese Aufgabe so entschieden und überzeugend leben!

EINMAL LÖWE,
IMMER LÖWE

*»Entsetzt hatte ich schon gedacht: ›Herr, du hast
mich verstoßen!‹ Du aber hörtest mich,
als ich zu dir um Hilfe schrie.«* (Ps 31,23)

Es ist ein ganz normales Spiel im Grünwalder Stadion, und ich kann nach langer Zeit endlich wieder
einmal hier dabei sein. In der Halbzeitpause stelle
ich mich bei einem Imbissstand an, um meinen
Plastikbecher wieder mit Bier auffüllen zu lassen.
Vor mir steht ein wuchtiger Mann mit Lederjacke.
Darüber trägt er eine ärmellose Jeansjacke mit lauter verschiedenen Aufnähern. Ich nutze die Zeit des
Anstehens und beginne einen Aufnäher nach dem
anderen in Augenschein zu nehmen. Einer fällt mir
besonders auf: In der Mitte ist eine geballte Faust zu
sehen, eingerahmt von dem Schriftzug: »Der TSV
1860 München ist eine Religion«.

Nur zu gerne würde ich dem Herrn vor mir auf die Schulter klopfen und schon von Berufs wegen eine intensive Diskussion anzetteln. Denn ein Fußballverein, meine Leidenschaft für den Sport, das kann niemals meine Religion sein! Und ich könnte dem Mann sofort theologisch, religionspsychologisch, sozialpädagogisch oder wie auch immer erklären, was eine Religion wirklich ist. Aber es würde vermutlich keinen Sinn machen. Und ich will auch niemanden nerven.

Den Spruch auf dem Aufnäher werde ich nie mehr vergessen. Inzwischen diente er mir bereits häufiger als Steilvorlage für gute Gespräche und Vorträge.

Bei allem Verständnis dafür, dass sich viele Menschen stark mit dem Fußballsport verbunden fühlen, gibt es Grenzen. »Fußball ist unser Leben«, heißt es in einem alten Stadionlied, trotzdem kann er die große Verheißung, nämlich das Heil der Menschen zu garantieren, nie erfüllen.

Selbstverständlich nimmt für jede und jeden Einzelne(n) der Sport, den er selber betreibt oder als Fan begleitet, eine andere Rolle ein. Für die einen ist es ein schöner Zeitvertreib, für die anderen ein Lebenselixier, das unbedingt dazugehört. Fußball bringt Menschen zusammen, ist gesellig. Viele Fans sind untereinander kameradschaftlich und hilfsbereit. Im Kinder- und Jugendalter begonnen, dient Fußball als ein Mannschaftssport dem Reifen und Wachsen von Fähigkeiten und sozialen Kompetenzen. Vor allem aber schenkt er allen Beteiligten, Spielern und Fans Freude!

Kinder und Jugendliche lernen in den Vereinen viel mehr als nur Fußballspielen! Sie lernen, miteinander fair, respektvoll und unverkrampft umzugehen. Nicht jeder landet später bei einem großen Club; aber jede und jeder hat die Chance, im Vereinsteam zu einem guten Menschen geformt zu werden! Schon deswegen ist die Jugendarbeit in Sportvereinen so wichtig und unersetzbar. Sie stellt aus meiner Sicht keine Konkurrenz zu kirchlicher Arbeit dar, sondern ist für die Grundwertebildung eine sinnvolle Ergänzung.

Ein Verein kann den Menschen ein Gefühl von Heimat geben kann. So geht's auch mir mit den Löwen. Der ehemalige Bischof von Innsbruck, Reinhold

Stecher, hat Heimat einmal als einen von Liebe durchwehten Ort bezeichnet – schöner lässt es sich nicht ausdrücken. Und dieses Gefühl ist nicht abhängig von maximaler Gewinnausbeute.

Freude ist ein Gegenpol gegen jeden falschen Ehrgeiz, Verbissenheit und Gewalt. Auch nach einem verlorenen Spiel gibt man sich friedlich die Hand, gratuliert dem sportlichen Gegner, der nie ein Feind sein kann. Ein wichtiger Gradmesser für menschenwürdiges Tun.

Ohne Freude pervertiert der Sport, stellt sich selber und seine Ziele infrage. Bei allen Diskussionen um die Durchsetzung von bestimmten Vereinen in der Liga, um Leistung, Einsatz, Verzicht und Spielregeln braucht es den Blick auf das Wesentliche. Ja, Fairness ist wichtig, keine Frage. Leistung und Einsatz müssen gebracht werden, wenn sich Erfolg einstellen soll. Aber die Freude am Sport bleibt das Wichtigste.

*

Maskottchen der Sechzger (TSV 1860 München)
mit jungen Fans vor Spielbeginn

Gerade im Eintreten für wichtige Werte zeigt sich die große Nähe von sportlichem und religiösem Tun. Wenn wir unsere Kräfte auf ein großes Ziel hin ausrichten, braucht es gute und förderliche Bedingungen, wir müssen manches trainieren, immer wieder einüben, um es zu verinnerlichen. Offenheit und Ehrlichkeit sich selbst gegenüber gehören dazu. Und wenn wir auf diese Weise dem Ziel Schritt für Schritt ein wenig näher kommen, werden wir mit Freude und Genugtuung beschenkt.

Noch einmal lasse ich den Apostel Paulus zu Wort kommen: Er spricht davon, dass wir »mit Ausdauer den Wettkampf kämpfen« sollen (Hebr 12,1), von Einsatz und Verzicht (1 Kor 9,25) und vom Einhalten der Regeln (2 Tim 2,5). Gute Gedanken, wertvolle Impulse – sowohl für das konsequente Leben einer Sportlerin oder eines Sportlers als auch für diejenigen, die ein Leben im Glauben und im Sinne des Evangeliums führen wollen.

Ausdauer, Einsatz, Verzicht, Einhalten von Regeln. Eigentlich recht einfach zu merken, aber schwer in der Umsetzung.

Schlagzeilen über Schlägereien zwischen gegnerischen Fangruppen nach einem Bundesligaspiel,

Bestechungsskandale in der Fußball-Bundesliga oder den sexuellen Missbrauch von Kindern durch Jugendtrainer (!) sind Belege dafür, dass es natürlich immer auch die andere, die schmutzige Seite im Fußball gibt. Überall – ob Sport, Politik, Vereine, Firmen, Schulen – findet man bestechliche, betrügerische Menschen, Vandalen und Egoisten, Angeber und schlechte Verlierer. Wunde Punkte, üble Machenschaften, die vieles entstellen.

Es lohnt sich trotz aller Dunkelheit, immer wieder auf das Helle und Gute zu schauen. Und selbst zu versuchen, das Gute zu leben. Und ich möchte allen Menschen, die sich am Fußball erfreuen, zurufen: Nehmt diesen Sport als ein schönes Zeichen unseres Lebens miteinander an! Freut euch über Fairness und Kameradschaft! Begeistert euch an großartigen Leistungen! Seid glücklich mit den Siegern und tröstet die Verlierer!

Siegerurkunden verblassen, Pokale werden irgendwann matt, Schlagzeilen in Zeitungen geraten aus dem Blick. Aber vom Sport bleiben auf Dauer schöne Erinnerungen!

Dieses Kapitel hat mit einem Aufnäher begonnen, der mich mit seiner Aussage irritiert hat. Ein anderer Fan-Spruch geht mir seit Kindheitstagen nicht aus dem Kopf: »Einmal Löwe – immer Löwe!« Unter dem Kürzel ELIL, das viele Fans des TSV 1860 auf ihren Fanschals tragen, versteckt sich das Kurzcredo: Echte Fanfreundschaft bleibt. Der wahre Fan ist nicht nur in Zeiten des Aufstiegs und der Siege bei seinem Team, sondern trägt auch die schlechten Zeiten mit, feuert seine Mannschaft weiterhin möglichst bei jedem Spiel an und hilft das Tief zu überwinden. Und wenn es Jahre andauert!

*

Wer versucht, von ganzem Herzen, mit großem Einsatz und mit viel Freude ein guter Mensch und/ oder Christ zu sein, der kann irgendwann wie ein Paulus voller Zufriedenheit sagen: »Ich habe einen guten Kampf gekämpft, den Lauf vollendet, die Treue gehalten. Schon jetzt liegt für mich der Kranz der Gerechtigkeit bereit …« (2 Tim 4, 7. 8).

Rainer M. Schießler und Michael Köllner

Einer, der für mich in den letzten Jahren ganz persönlich wichtig und wegweisend wurde, ist Michael Köllner, Trainer beim TSV 1860 München (2019– 2023). Er ist nicht nur ein vom Sport begeisterter Mensch und Coach, sondern auch bekennender Christ und Katholik. Nachdem wir uns vor Jahren beim Weihnachtssingen im Grünwalder Stadion kennengelernt haben, haben wir Kontakt gehalten. Michael Köllner kam immer wieder auch zum sonntäglichen Gottesdienst in meine Pfarrei. Manchmal stand er dann auch mit mir vorne am Altar und wir sprachen vor der versammelten Gemeinde miteinander über Glauben, Fußball, Gewinnen und Verlieren, Vertrauen und Enttäuschungen. Einmal entdeckte ich Michael Köllner während der Feier der Osternacht, die am Ostersonntag früh um fünf Uhr beginnt, im Seitenschiff der Kirche stehen. Die Kirche war proppenvoll, kein einziger Sitzplatz in den Reihen mehr frei. Jetzt muss man wissen: Die Liturgie der Osternachtsfeier dauert über zwei Stunden. Da ist es keine Freude, die ganze Zeit über stehen zu müssen.

Während eines Liedes ging ich deshalb zu Michael Köllner und bot ihm einen Stuhl im Altarraum an. Er lehnte dankend ab, verwies auf das verlorene Spiel der »Löwen« tags zuvor und sagte lächelnd: »Weißt du, Rainer, heute ist für mich etwas Buße angesagt.«

Das war sie wieder, diese für Michael typische, absolut unaufdringliche Art und Weise, mit der er sehr anrührend seine Liebe zum Sport und seinen christlichen Glauben miteinander verbindet. Das schätze ich an ihm sehr.

Als Michael Köllner im Jahr 2023 wegen des aus-
bleibenden sportlichen Erfolgs seiner Mannschaft
vom Verein freigestellt wurde und er kurz darauf
nach Ingolstadt wechselte, tat er dies ohne Zorn
und Streit. Von den Fans des TSV 1860 verabschie-
dete er sich mit dem Bekenntnis: Einmal Löwe –
immer Löwe! Ja, und auch an diesem Punkt sind
Michael und ich uns einig.

*

Am 31. Mai 1992 feierte ich als Kaplan in der Stadt-
pfarrkirche Heilig Kreuz in München-Giesing die
letzte feierliche Maiandacht. Auf eigenen Wunsch
hatte ich zwei Jahre (1991–1993) hier auf Giesings
Höhen in unmittelbarer Nachbarschaft des Grünwalder Stadions als junger Priester gelebt und ge-
wirkt. Nun ging es für mich bald weiter ins Münchner Glockenbachviertel, in die Pfarrei St. Maximilian.

Die letzte Maiandacht wurde traditionell immer
sehr feierlich gestaltet. Die berühmten Inntaler Sänger verliehen dem Treffen mit ihrem Gesang einen
ganz besonderen Glanz. Aber es waren an diesem

Tag keine Ministranten dabei. Nicht eine(r)! Denn die Jugendlichen waren zur selben Zeit im Grünwalder Stadion und verfolgten als Kinder Giesings und treue Löwen-Fans natürlich das Spiel des TSV 1860 gegen Fortuna Köln. An diesem Tag ging es um den Klassenerhalt in der 2. Liga. Nachdem der Club neun Jahre lang in der Bayernliga unterwegs gewesen und dann endlich in die 2. Liga aufgestiegen war, drohte jetzt der Abstieg. Das galt es zu verhindern. Entsprechend hoch schlugen die Emotionen der Fans. In der Kirche hörten wir vereinzelt das laute Rufen und Singen, die ganze Geräuschkulisse vom nahen Stadion.

Am Ende der Maiandacht, während des letzten Liedes der Inntaler Sänger, kamen alle Ministranten in die Kirche. Da wusste ich, dass das Spiel zu Ende war. Der Anführer der Truppe blickte mich kurz an, ging die paar Stufen in den Altarraum hinauf, machte eine Kniebeuge, legte etwas auf den Altar und verschwand anschließend in der Sakristei. Ich stand auf, um die Gemeinde zu verabschieden, mich bei den Sängern zu bedanken und allen einen guten Nachhauseweg zu wünschen. Da entdeckte ich einen kleinen Zettel auf dem Altar, den mir der

Oberministrant hingelegt hatte. Darauf stand: »1:4 verloren! Aber wir bleiben den Löwen treu!« – Da wusste ich, dass auch dieser Junge, dass die ganze Gruppe verstanden hatte, auf was es ankommt.

FINALE

*»Macht euch bereit! Ich komme schnell
und unerwartet und werde jedem den
verdienten Lohn geben.«*
(Offb 22,12)

Finale – im Endspiel stehen sich zwei starke Mannschaften gegenüber, die Spannung, ob in den letzten fünf Minuten der zweiten Halbzeit noch das entscheidende Tor fällt (für wen auch immer) oder es in die Verlängerung geht, ist schier unerträglich. Im Stadion werden Fahnen geschwungen, die Fans feuern ihre Teams an. Wenn es einem Spieler gelingt, seinem Gegner, der in Richtung Tor stürmt, den Ball abzujagen und einen Konter zu beginnen, wird dies mit Jubel quittiert – und es führt gleichzeitig auch zu heftigen Emotionen bei denen, die die andere Seite unterstützen: »Das darf doch nicht wahr sein! Das ist ja nicht zu glauben! Da lässt der sich den Ball einfach abnehmen! Das wäre die Chance gewesen, endlich das ersehnte Tor zu schießen! Nun mach doch!«

Und dann? Wie geht es aus?

Wie oft jagen wir im Leben etwas nach und bekommen es nur schwer oder gar nicht zu fassen? Und wie oft hoffen wir, dass etwas gelingt – und es geht am Ende leider doch daneben?

Manchmal stehen wir im Abseits. Der vermeintliche Siegtreffer, den wir schon miteinander kurz gefeiert haben, war nicht regelkonform. Der Schiedsrichter entscheidet anders, als wir es uns gewünscht haben.

Und dann? Wie geht es weiter?

Bekomme ich, bekommen alle, mit denen ich gerade unterwegs bin, doch noch einmal eine zweite Chance? So wie das Fußballteam auf dem Platz, das sich nach der Niederlage aufrappelt und aufs nächste Spiel vorbereitet?

Das Leben ist kein Spiel, das steht fest. Und es geht leider auch vieles nicht glücklich aus. Anderes gelingt unverhofft. Stets haben wir die Möglichkeit, Chancen, die sich uns bieten, in Glücksmomente zu verwandeln. Vieles haben wir auch selbst überhaupt nicht in der Hand. Es ereignet sich, wir verletzen uns, werden krank, werden unfair gefoult; können nicht mehr weiter – auf jeden Fall nicht so, wie wir es uns ausgemalt haben. Träume zerplatzen. Und manchmal ereignen sich unerwartet kleine und große Wunder.

Eine letzte Gewissheit, wie es wird – gibt es die überhaupt?

Als Christ kann ich sagen: Ja, die gibt es. Wir laufen auf ein Ziel zu. Und auch wenn wir selbst nicht mehr weiterwissen, ist da einer, der uns trägt.

»Die Liebe aber hört niemals auf« (1 Kor 13), sagt der Apostel Paulus und spricht dabei von Gott selbst. Diese Gotteserfahrung zu verbreiten, ist der Sinn von Religion überhaupt.

Und es kommt darauf an, wie wir uns ganz persönlich entscheiden. Vertrauen, glauben, mitgehen? »Alle, die in der Kampfbahn laufen, die laufen!«, stellt der Apostel Paulus fest. Und ja, was im Sport selbstverständlich ist, kann für den Glauben genauso gelten: Wer gar nicht mitläuft, bleibt Zuschauer. Und wer Jesus gut findet, ist noch lange kein Christ.

Ein Jesus-Fan kann sich aufregen, schimpfen, vielleicht auch über das Geschehen, das sich vor seinen Augen abspielt, jubeln. Aber wenn er selbst nicht mit unterwegs ist, gehört er nicht zum Jesusteam. Paulus fordert uns auf, selbst aktiv zu werden, bildlich gesprochen die Tribüne zu verlassen und zu sagen: »Hier bin ich, Herr!«

Christ sein muss man immer selber. Das kann man nicht delegieren. »Alle, die auf der Kampfbahn laufen, die laufen!« Bekehrung nennt die Bibel diesen Entschluss, sich »zum Lauf für Jesus« zu entscheiden. Die Taufe wird zum äußeren Zeichen für den Trikotwechsel. Wer mitmacht, bekommt das neue Gewand. Dieser Kleiderwechsel bei der Taufe ist für Paulus sehr bedeutend. Man zieht Dinge aus, die nicht zu Jesus passen – und er selber kleidet uns neu ein. Jede und jeder kann in diesem Jesus-Team mitspielen. Jesus umwirbt uns immer wieder. Die Ablösesumme ist auch längst bezahlt, von ihm selbst.

Der Deutsch-Kanadier Karl Friesen war kein Fußballer, aber einer der Besten im deutschen Eishockey, als Tormann bei den Starbulls Rosenheim und deutscher Nationaltorhüter. In meiner Zeit als Kaplan in Rosenheim durfte ich ihn nicht nur als großen Sportsmann, sondern auch als überzeugt lebenden Christen kennenlernen. In vielen Gesprächen haben wir uns über den Glauben und die Herausforderungen des Lebens unterhalten, und stets hat er mich mit seinen weitsichtigen und offenherzigen Ansichten beeindruckt.

In einem Interview für eine Stadionzeitschrift bekannte er ohne Scheu, dass er »in jedem Match immer so gut spielen möchte, als wäre der liebe Gott sein einziger Zuschauer«.

*

Das Siegen-Wollen gehört zu einem guten Sportwettkampf und auch zu einem Fußballspiel dazu. Keiner läuft auf den Platz und sagt sich: »Heute ist es egal, wie es ausgeht.«

Die Spielerinnen und Spieler auf dem Rasen haben ein klares Ziel: »Das Runde muss ins Eckige«, der Ball ins gegnerische Tor. Und selbst wenn mal ein Pass zurück ins eigene Feld gespielt wird, ist die grundsätzliche Ausrichtung klar: Es soll immer wieder nach vorne gehen! Jeder Pass von Spieler zu Spieler dient letztlich dem gleichen Ziel: einen Vorteil für das eigene Team herauszuspielen und dann im entscheidenden Moment loszustürmen und einen Treffer zu landen. Den Gegner laufen zu lassen, ihn mürbe zu machen, dann eine Flanke, ein guter Pass, ein knallharter Schuss oder ein über die Köpfe der Abwehr »hinübergelupfter Ball« – und wenn dieser erst einmal abgewehrt wird, gleich noch ein Kopfball hinterher. Das ist es, was am gutem Fußball begeistert!

Wenn wir ein Fußballspiel als Zuschauende verfolgen und wahrnehmen, dass die Teams auf dem Platz nur verhalten und eher lahm dabei sind, ist das enttäuschend. So etwas passiert selten, aber es kommt vor. Anschließend analysieren dann die Profis an den Mikrofonen und auch viele Fans, weshalb heute so wenig Energie vorhanden war. Ist die Luft im Team raus? Steht vielleicht ein Trainerwechsel an?

Auch Glaube und Nachfolge brauchen Begeisterung und den Wunsch, etwas in Bewegung zu bringen. Zuallererst uns selbst. Der Hebräerbrief im

Neuen Testament weiß um diese Notwendigkeit: »So lasst uns ablegen alles, was uns beschwert, (...) und lasst uns mit Ausdauer laufen in dem (Wett-) Kampf, der uns bestimmt ist!« (Hebr 12,1)

Vermutlich kennen Sie das griechische Wort *hamartia* noch nicht. *Hamartia* heißt frei übersetzt: Zielverfehlung. Der Begriff wurde ursprünglich im Zusammenhang mit Bogenschießen benutzt. Wenn der abgeschossene Pfeil nicht genau in die Mitte der Zielscheibe traf, nannte man den Abstand zwischen der Mitte und dem Punkt, in dem der Pfeil steckte, *hamartia*: Abweichung, Abstand vom Ziel. Der Begriff wird auch in der Bibel verwendet, wenn es um Sünde geht, Ungerechtigkeit oder Untat. Dann heißt es: »Ziel verfehlt ...«

Gott hat ein Ziel mit uns. Und er ist mit uns unterwegs.

»Ich laufe nicht aufs Ungewisse zu«, so formuliert es der schon oft erwähnte Apostel Paulus.

Ein Christ läuft auf ein Ziel zu, nämlich das zu tun, was Gott von ihm will. Zu erkennen, was der uns ganz persönlich gegebene Auftrag als Geschöpf und Kind Gottes ist, das ist der erste Schritt. Wenn wir das für uns in den Blick genommen haben, macht plötzlich so vieles Sinn: Barmherzig mit unseren Mitmenschen umzugehen. Nicht immerzu den eigenen Vorteil zu suchen, sondern zu schauen, was unser Gegenüber, was der Nächste, dem wir gerade begegnen, braucht. »Was ihr für einen meiner geringsten Brüder getan habt, habt ihr mir getan«, sagt Jesus (Mt 25,40).

Beim Fußball sagen wir: Neues Spiel. Neue Chance. Jede und jeder hat sie!

*

Natürlich gibt es keinen katholischen Fußball oder eine evangelische La-Ola-Welle. Trotzdem macht es für mich als Christ einen Unterschied, wie ich mich verhalte, egal ob ich dafür direkt Beifall bekomme oder nicht. Vielleicht ist es nur ein Wunschtraum, aber ich hänge diesem Gedanken schon lange nach, dass Christinnen und Christen in der Welt anders mitmischen, fairer spielen, auch weil sie eine ganz andere Vorstellung von Kampf, Sieg und Niederlage haben. Dass sie abgeben, teilen, auch verlieren können – um des anderen willen.

Die Sechzger Musikanten spielen vor der Fankurve im Grünwalder Stadion auf.

»Sei getreu bis in den Tod, dann will ich dir die Krone des Lebens geben!«, heißt es im letzten Buch der Bibel, der Offenbarung des Johannes (Off 2,9).

Ewig bei Gott zu leben, seine Herrlichkeit zu erleben, das ist sozusagen die Siegesprämie des Glaubens. Aber bei allem Einsatz und Bemühen bleibt es letztlich ein Geschenk. Paulus schreibt der Gemeinde in Rom: »So liegt es nun nicht an jemandes Wollen oder Laufen, sondern es liegt alles an Gottes Erbarmen!« (Röm 9,16) Gott schenkt uns den Glauben, die Kraft, von der Tribüne herunterzukommen und mitzumachen, zu laufen, uns mit unseren jeweiligen Talenten und Begabungen einzubringen und bis zum Ziel durchzuhalten. Aber laufen müssen wir selbst, jeder auf seine eigene Art. Gott will uns nicht überfordern. Er schenkt uns die Kraft, die wir brauchen.

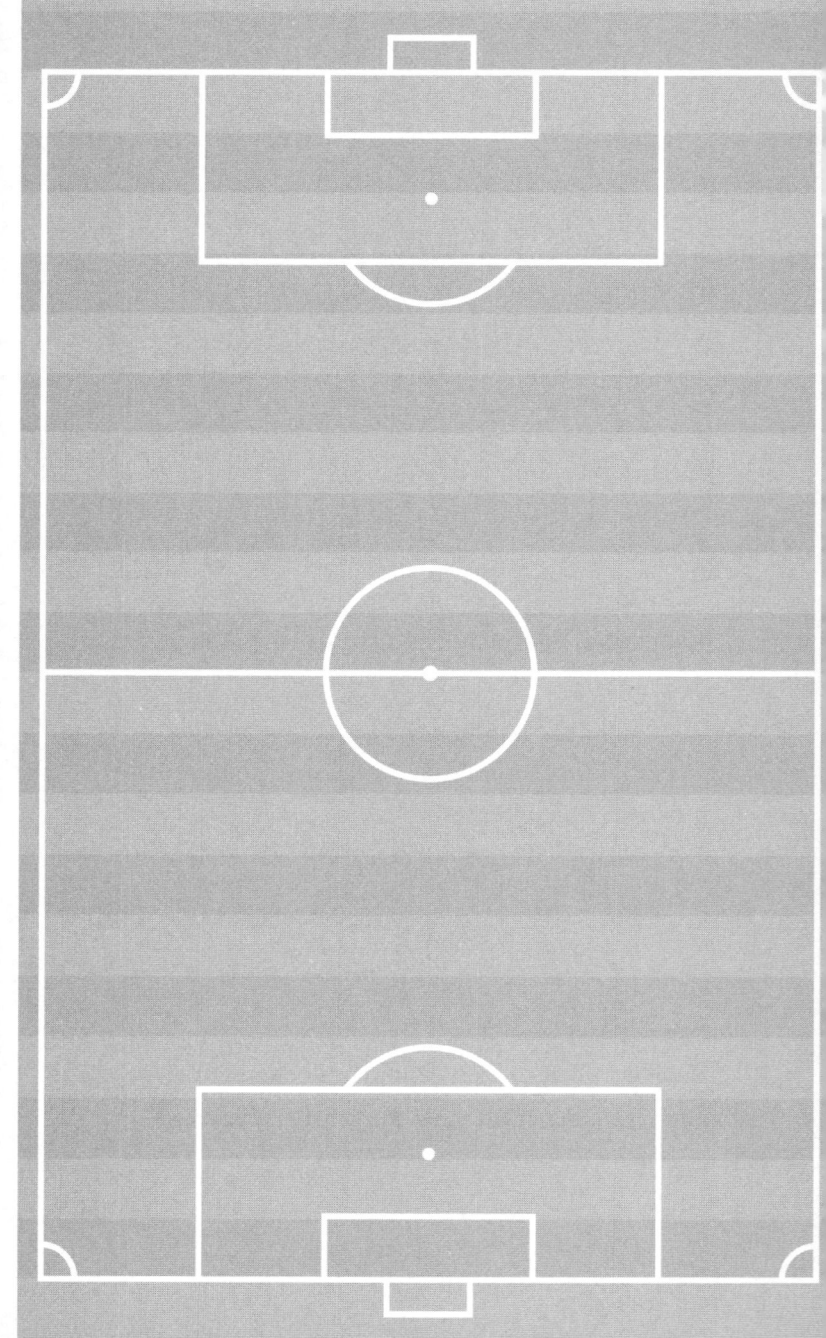

EPILOG
Ein Plädoyer für den wahren Fußball

»Ich mache dich stark, ich helfe dir, mit meiner siegreichen Hand beschütze ich dich!«
(Jes 41,10)

»Herr Pfarrer, darf man jetzt für den Aufstieg beten?« Ein Fan des TSV 1860, der um meine Affinität für die Münchner Löwen weiß, spricht mich mitten auf dem Münchner Viktualienmarkt spontan an und stellt mir diese Frage.

»Natürlich«, sage ich, »Sie müssen sogar dafür beten!«

»Ja, hilft das denn?«, fragt er weiter.

»Überhaupt nicht!«, antworte ich und blicke in ein sprachloses Gesicht.

»Ja, aber wozu soll ich denn dann beten?«, fragt mein Gegenüber nach einer kurzen Beruhigungspause weiter.

»Damit Sie demütig bleiben, wenn wir es wirklich schaffen und aufsteigen; oder aber Trost finden, wenn es wieder nichts wird mit dem Aufstieg! Das Gebet ändert nicht die Welt um mich herum und schießt auch keine Tore. Aber es macht aus mir einen anderen Menschen, a bisserl besonnener, friedlicher und gelassener!«

Ich weiß nicht, ob diesem Mann meine Antwort wirklich weitergeholfen hat. Vielleicht hat sie ihn aber für einen Moment nachdenklich gemacht. Mir persönlich hilft es zu wissen, woran ich mich halten kann, wenn es darum geht, im Leben mit bestimmten Umständen umgehen zu können, die einfach so sind, wie sie sind. Glaube und Fußball können ein wunderschönes Zusammenspiel ergeben.

Dort, wo Glaube und Fußball zueinanderfinden, hat jedenfalls jegliche Form von Fanatismus und Gewalt keine Chance. Randale und Schlägereien haben, das kann man nicht oft genug wiederholen, in den Stadien und auf den Rängen nichts zu suchen. Der Fußball soll das sein, wofür ihn die Menschen so sehr lieben: ein Miteinander, das alle begeistert.

Mit großer Freude habe ich versucht, meine ganz persönliche Beziehung zum Fußballsport und die Zusammenhänge von Fußball und christlichem Glauben in diesem Buch aufzuzeigen. Ich widme es allen wahren Fans, die konsequent friedlich und trotzdem voller Begeisterung ihren geliebten Fußball immer wieder so herrlich ansteckend und leidenschaftlich genießen. Ihr seid das Vorbild, das unsere Jugendlichen dringend brauchen!

Pfarrer Rainer Maria Schießler

Rainer M. Schießler, geboren 1960, ist katholischer Pfarrer. Durch seine unkonventionelle Art und medienwirksame Aktionen gehört er zu Deutschlands bekanntesten Kirchenmännern. Alle seine Bücher sind Bestseller. »Himmel, Herrgott, Sakrament« läuft seit Oktober 2023 als 6-teilige Serie im BR-Fernsehen. Sein Anliegen: Mit zugespitzten Appellen aufrütteln und für eine lebhafte, engagierte Kirche eintreten. Seit 1993 ist er Pfarrer in St. Maximilian in München. Regelmäßig ist er in seinem Podcast »Schießlers Woche« zu hören.

G'schichten von der Wiesn

Zehn Jahre lang war Pfarrer Rainer M. Schießler
Bedienung auf dem Münchner Oktoberfest. Er erzählt
die besten Geschichten seiner aufregenden Wiesn-Zeit:
Lustiges, Ernsthaftes und auch Trauriges. Immer mit
einem Augenzwinkern und oft mit einem Blick nach oben.
Ein Münchner Original im (Wiesn-)Himmel …
Mit Beiträgen der aktuellen Schottenhamel-Festzelt-
Wirte Christian und Michael sowie von fünf langjährigen
Kolleginnen, die auch die Wiesn-Zeit von
Rainer M. Schießler miterlebt haben.

Rainer M. Schießler

Wiesn-Glück

Hardcover
176 Seiten
ISBN 978-3-96340-254-8
€ [D] 16,– · € [A] 16,40

Vier Fäuste für ein Halleluja

Der eine ist der wohl bekannteste Pfarrer Deutschlands,
der andere steckt als Kirchenpfleger hinter vielen
verrückten Ideen der katholischen Kirchengemeinde
St. Maximilian in München: Rainer M. Schießler und
Stephan Maria Alof sind seit mehr als 25 Jahren ein
unschlagbar kreatives Duo. Die beiden setzen alles daran,
den Glauben zeitgemäß ins Gespräch zu bringen.
Zugleich entwickeln sie eine Perspektive für die Kirche
von morgen, die auf die Bedürfnisse der Menschen
zugeschnitten ist. Eine Einladung zur inneren Positions-
bestimmung in Glaubensfragen.

Rainer M. Schießler,
Stephan Maria Alof

Seid ihr noch zu retten?!

Hardcover mit Schutzumschlag
256 Seiten
ISBN 978-3-96340-222-7
€ [D] 20,– · € [A] 20,60

Bildnachweis: S. 4 Klaus Haag | S. 20, 34 Privat | S. 68 TSV München 1860 |
S. 149 Sigi Jantz | S. 170 Susanne Krauss **picture alliance:** S. 99 sampics/
Stefan Matzke, S. 116/117 dpa/Marcel Mettelsiefen, S. 125 dpa/dpaweb/
Frank Leonhardt, S. 134 M.i.S.-Sportpressefoto | MiS **stock.adobe.com:** S. 2,
8, 166 AQ-taro Images, S. 15, 26, 47, 63, 74, 86, 94, 111, 132, 141, 154 Jessica
IMAGO: S. 112/113 Kicker/Liedel, S. 145 Eibner, S. 162/163 MIS

Der Verlag weist ausdrücklich darauf hin, dass im Text enthaltene externe
Links vom Verlag nur bis zum Zeitpunkt der Buchveröffentlichung
eingesehen werden konnten. Auf spätere Veränderungen hat der Verlag
keinerlei Einfluss. Eine Haftung des Verlags ist daher ausgeschlossen.

Besuchen Sie uns im Internet:
www.bene-verlag.de

Originalausgabe März 2024
© 2024 bene! Verlag
Ein Imprint der Verlagsgruppe
Droemer Knaur GmbH & Co. KG, München.
Alle Rechte vorbehalten. Das Werk darf – auch teilweise – nur mit
Genehmigung des Verlags wiedergegeben werden.
Die Bibelstellen stammen, wenn nicht anders angegeben, aus: Hoffnung
für alle®, Copyright © 1983, 1996, 2002, 2015 by Biblica, Inc.®
Verwendet mit freundlicher Genehmigung des Herausgebers Fontis.
Die Bibelstellen Ps 20,6, Phil 2,2 und 1 Kor 9,24 sind zitiert aus der
Einheitsübersetzung der Heiligen Schrift, vollständig durchgesehene
und überarbeitete Ausgabe © 2016 Katholische Bibelanstalt, Stuttgart
Redaktionelle Mitarbeit: Stefan Wiesner
Autorenfoto Cover: Susanne Krauss
Coverabbildung: nattkamol/stock.adobe.com, antpkr/stock.adobe.com
Satz und Layout: Maike Michel
Druck und Bindung: CPI books GmbH, Leck
ISBN 978-3-96340-265-4

5   4   3   2   1